Kuaiji

JICHU
SHIXU

基础会计
模拟实训指南

刘生友 胡 原 田芳芝 张正君 杨 萍◎编著

电子科技大学出版社

图书在版编目（CIP）数据

基础会计模拟实训指南 / 刘生友等编著. —成都：电子科技大学出版社, 2011.11

ISBN 978-7-5647-1001-9

Ⅰ. ①基… Ⅱ. ①刘… Ⅲ. ①会计学—指南 Ⅳ. ①F230-62

中国版本图书馆 CIP 数据核字（2011）第 242521 号

基础会计模拟实训指南

刘生友 胡 原 田芳芝 张正君 杨 萍 编著

出　　版：电子科技大学出版社（成都市一环路东一段 159 号电子信息产业大厦 邮编：610051）
策划编辑：汤云辉
责任编辑：汤云辉
主　　页：www.uestcp.com.cn
电子邮箱：uestcp@uestcp.com.cn
发　　行：新华书店经销
印　　刷：成都火炬印务有限公司
成品尺寸：140 mm×203mm　印张 8.25　字数 230 千字
版　　次：2011 年 11 月第一版
印　　次：2011 年 11 月第一次印刷
书　　号：ISBN 978-7-5647-1001-9
定　　价：25.00 元

前　言

为响应国务院大力发展职业教育的号召，紧跟我国职业教育改革步伐，适应社会、经济和信息技术快速发展的新形势，满足广大学员学习财会专业知识、提高会计业务技能和文化素质的需要，特撰写《基础会计模拟实训指南》一书，以帮助学生普及基础会计知识，提高学员专业技能。

《基础会计模拟实训指南》一书，紧密结合我国财务会计的实际，吸收了近年来会计研究的新成果，为方便学员看书学习，掌握操作技能，书中应用了大量的实证案例和图表分析，深入浅出，容易理解。本书内容结构合理，科学规范，特色鲜明，实用性强，不仅可供广大在校学员学习使用，而且也是社会有关人员汲取会计知识的良师益友。撰写本书旨在用科学技能武装学员的头脑，拓展他们的知识视野，树立科学发展观，为建设社会主义市场经济培养财务会计专业人才。我们相信，这本书的出版发行，对解决会计技能问题，建立和规范会计操作模式，全面提升学员文化素质和专业技能，将起到积极的推动作用。

需要说明的是，因为是基础会计，专业会计知识不够全面（如运费7%不计入进项税等），原始凭证的填制不太完整，加上时间仓促，书中难免有不当和疏漏之处，恳请广大学员批评指正，以便进一步修改和完善。

作　者

2011年5月

目　录

第一部分　实训目的要求

一、实训目的

该实训是在基础会计理论课程学完之后进行的综合实验，通过本次实训达到如下目的：

1. 理论联系实际。

2. 掌握会计核算的基础知识和基本技能，熟悉会计核算的账务处理程序。

3. 培养和提高会计从业者的基本业务素质。

二、实训方法

学生以会计身份参加，利用本指南提供的有关资料，在会计老师的指导下，在会计模拟实习室进行会计操作。实训时学生们可以相互探讨、可以提问、可以参阅有关资料，对待业务周密思考、认真作业，力求处理业务达到快捷、准确、及时、工整、规范。

三、实训内容及程序

1. 实训内容，本实验以加工工业企业 12 月份的业务为例，根据实验题目审核和填制部分原始凭证和汇总原始凭证，编制记账凭证，编制科目汇总表，登记日记账、明细账、总账等，编制会计报表，撰写 5 次以上的实验报告。

2. 实训中的会计核算程序，基础会计模拟实训采用科目汇总表账务处理程序，如图 1-1 示。

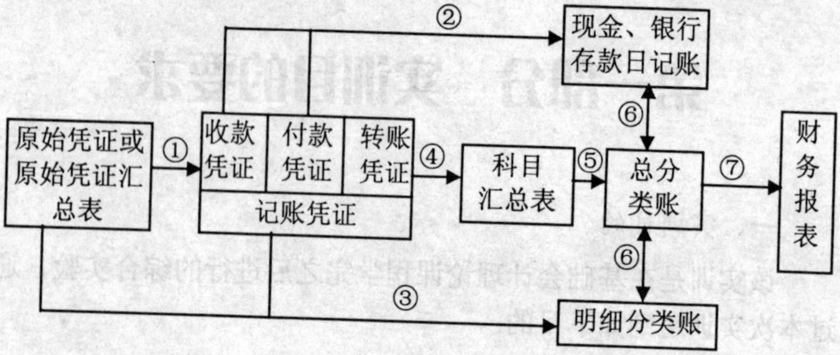

图 1-1　科目汇总表财务处理程序

四、时间安排

本实训 60 学时，可含在基础会计课程之内进行，最好利用连续两周的时间为期 10 天来进行实训。进度赶不上的学生，用业余时间补做，不能按时完成的，成绩按不及格处理。

第一天：分发资料，学习实训指南，明确会计角色，开设新账。

第二天：审核上半月的原始凭证，编制记账凭证，同时登记日记账。

第三天：审核上半月的原始凭证，编制记账凭证，同时登记日记账。

第四天：根据上半月的记账凭证，审核无误以后编制科目汇总表，进行试算平衡。

第五天：登记总账和明细账，装订记账凭证。

第六天：审核下半月的原始凭证，编制记账凭证，同时登记日记账。

第七天：审核下半月的原始凭证，编制记账凭证，同时登记日记账。

第八天：根据下半月的记账凭证，审核无误以后编制科目汇总表，进行试算平衡。

第九天：登记总账和明细账，装订记账凭证。

第十天：编制资产负债表和利润表，上交所有会计实习资料和个人实习总结。

五、建账

1．总分类账，为每个一级会计科目开设一个三栏式总分类账户，并登账，每位学员发 50 张。

2．日记账，为库存现金和银行存款开设三栏式日记账户，要求按时间先后顺序登记，做到日清月结，每位学员各发 2 张。

3．明细账，往来账款选择三栏明细账，每位学员发 50 张，财产物资可选择数量金额式明细账，每位学员发 10 张，损益类可选用多栏式明细账也可选用三栏式明细账，每位学员发 10 张，应交增值税选用专用格式明细账，每位学员发 2 张，成本类选用多栏式明细账，每位学员发 10 张。

六、编制记账凭证

本实训可采用收、付、转三种记账凭证，并按三个系统编号，分别从一号编起。也可采用通用记账凭证，不分收、付、转，连续编号，每位学员发通用记账凭证 2 本。

七、登记账簿

1．总分类账根据科目汇总表登记。

2．明细账根据记账凭证参考原始凭记登记。

3．日记账根据记账凭记及所附原始凭证登记。

4．库存商品明细账发出栏根据主营业务收入后的原始凭证登记。

八、对账、结账

1．要求在编制会计报表之前，将总账与明细账核对，将总账与日记账进行核对。

2．要求对各个账户都要进行月结和年结。

九、编制会计报表

1．根据损益类账户的发生额填列利润表。

2．根据资产、负债、所有者权益和成本类账户余额填列资产负债表。

十、撰写实训报告

1. 实训报告是在完成实训某个知识点之后将实验过程、内容、心得以及改进下次实训的建议向指导老师反映的书面文件。

2．本次实训中，要求学生撰写五篇实训报告，后附报告书，并归案保管。

十一、评分

1. 纪律评分，学生参照会计员的标准按时上下班，不得违纪，权重分为20%。

2．过程评分，学生应独立完成实训任务，有问题可向老师请教，同学们也可一起研究解决，但不得抄袭他人作业，该项权重分为40%。

3．结果评分，根据学生上交的资料进行评分，检查凭证账本和报表的结果是否正确，做账登账是否规范。该项权重分为40%。

十二、实训总结

实训结束的最后一项工作是对该次实训进行总结，要求教师和全体学生参加，由指导老师进行点评，总结经验，找出不足，以便学生消化基础会计的知识内容，达到理论与实际相结合的目的。

第二部分　会计模拟实训资料

一、会计模拟实训企业简介

企业名称：宏源公司

地址：吉首市红旗路 5 号

联系电话：0743-8435323

法定代表人：钟辉

注册资金：伍佰万元

经营范围：生产与销售甲、乙两种产品

纳税登记号：222238

开户银行：中国建设银行吉首分行红旗路营业部

账号：89-12

二、实训资料之一——文字说明

（一）2010 年 11 月 30 日宏源公司总分类账户余额（单位：元）

表 2-1　2010 年 11 月 30 日宏源公司总分类账户余额（单位：元）

账户名称	借方余额		账户名称	贷方余额	
	年初数	期末数		年初数	期末数
库存现金	1250	785	短期借款	119 290	83 000
银行存款	150 000	139 900	应付账款	124 000	20 000
应收账款	11 000	26 000	其他应付款	2820	4800
其他应收款	2850	3000	预收账款	4990	20 000
在途物资	2000		应付职工薪酬	7000	8000
原材料	22 250	60 000	应交税费	3000	24 750

（续表）

账户名称	借方余额		账户名称	贷方余额	
	年初数	期末数		年初数	期末数
周转材料	5300	10 000	应付股利	3000	5000
库存商品	231 000	320 000	应付利息	3200	3200
预付账款	3 00	6100	实收资本	850 000	850 000
固定资产	814 980	920 000	盈余公积	25490	25 490
累计折旧	–150 000	–180 000	本年利润		349 545
交易性金融资产	10 660	50 000	利润分配	–38 000	–38 000
合计	1 104 790	1 355 785	合计	1 104 790	1 355 785

（二）2010 年 11 月 30 日宏源公司部分明细账账户余额（单位：元）

1．原材料明细账

表 2-2　原材料明细账

品名	单位	数量	单价	金额
A 材料	千克	10 000	2.00	20 000
B 材料	千克	6 000	2.50	15 000
D 材料	千克	15 000	1.00	15 000
C 材料	千克	500	20.00	10 000
合计				60 000

2. 库存商品明细账

表 2-3 库存商品明细账

品名	单位	数量	单价	金额
甲产品	千克	40 000	5.00	200 000
乙产品	千克	30 000	4.00	120 000
合计				320 000

3. 应收账款明细账

红旗公司 10 000 元

红星公司 4 000 元

红梅公司 2 000 元

宏瑞公司 10 000 元

合计 26 000 元

4. 应付账款明细账

华银公司 5 000 元

瑞强公司 8 000 元

半山公司 7 000 元

合计 20 000 元

5. 应交税费

应交增值税 5 000 元

应交所得税 19 250 元

应交城市维护建设税 500 元

合计 24 750 元

6. 库存现金日记账 785 元

7. 银行存款日记账 139 900 元

8. 固定资产

房屋 700 000 元

机器设备 200 000 元

其他 20 000 元

920 000 元

9. 累计折旧

房屋 120 000 元

机器设备 50 000 元

其他 10 000 元

180 000 元

10. 其他明细账可以自行开设，这里不一一列举。

（三）2010 年 1～11 月宏源公司各损益类账户累计发生额

表 2-4 2010 年 1～11 月宏源公司各损益类账户累计发生额（单位：元）

损益类账户	2010 年 1～11 月累计发生额
主营业务收入	6 390 850
其他业务收入	130 000
投资收益	100 000
营业外收入	66 000
主营业务成本	4 808 700
营业税金及附加	85 850
其他业务成本	20 500
销售费用	171 000
管理费用	860 800
财务费用	172 940
营业外支出	101 000
所得税费用	116 515
本年利润	349 545

（四）宏源公司2010年12月份发生的经济业务

1. 12月1日，国家投资200 000元人民币，存入银行。

2. 12月2日，用银行存款从新星电脑公司购买电脑桌4张，每张单价500元，计2 000元，其价款从银行存款户支付。

3. 12月1日，生产乙产品领用D材料11 000千克，每千克成本1.00元，计11 000元。

4. 12月1日，车间生产甲产品领用A材料1 400千克，每千克成本2.00元，计2 800元；领用B材料2 000千克，每千克成本2.50元，计5 000元。

5. 12月3日，从银行存款户提取现金2 000元备用。

6. 12月3日，开出转账支票用银行存款归还华银公司货款5 000元。

7. 12月3日，业务员出差，借支差旅费800元，从银行存款户支付。

8. 12月3日，从银行借入半年期生产周转借款120 000元，存入银行。

9. 12月4日，公司购买办公用品600元，以库存现金支付。

10. 12月4日，向华银公司购进A材料2 000千克，每千克买价1.98元，计3 960元，增值税额673.20元；购进B材料4 000千克，每千克2.48元，计9 920元，增值税额1 686.40元。代垫运杂费120元（运杂费按材料重量比例分摊），全部款项从银行存款户支付，材料已于当日验收入库。

11. 12月4日，生产乙产品领用A材料100千克，每千克成本2.00元，计200元；领用B材料150千克，每千克成本2.50元，计375元。

12. 12月4日，向半山公司购进D材料4 000千克，每千克买价0.99元，计3 960元，增值税额673.2元，运杂费40元，全部款项从银行存款户支付。

13．12 月 5 日，D 材料验收入库（4 日付款），按材料的实际采购成本结转。

14．12 月 5 日，生产甲产品领用 B 材料 600 千克，每千克成本 2.50 元，计 1 500 元；领用 A 材料 500 千克，每千克成本 2.00 元，计 1 000 元。

15．12 月 6 日，从银行存款户交纳增值税 5 000 元，所得税费用 19 250 元。

16．12 月 6 日，收回红星公司货款 4 000 元，红梅公司货款 2 000 元，存入银行。

17．12 月 6 日，收回宏瑞公司货款 10 000 元，存入银行。

18．12 月 6 日，销售给宏瑞公司乙产品 1 500 千克，每千克售价 6.00 元，计 9 000 元，增值税额 1 530 元。宏瑞公司上月已预先汇来货款 5 000 元，差额款项 5 530 元收到并存入银行。

19．12 月 6 日，销售给红梅公司甲产品 1 500 千克，每千克售价 8.00 元，计 12 000 元，增值税 2 040 元，全部款项收到存入银行。

20．12 月 6 日，从银行存款户归还瑞强公司货款 8 000 元，半山公司货款 7 000 元。

21．12 月 7 日，向瑞强公司购进 C 材料 100 千克，每千克买价 20 元，计 2 000 元，增值税额 340 元，款项未付。（要求先做账）

22．12 月 7 日，业务员刘小刚报销差旅费 500 元，余款 100 元交回现金。

23．12 月 7 日，生产乙产品领用 C 材料 10 千克，每千克成本 20 元，计 200 元，生产甲产品领用 C 材料 40 千克，每千克成本 20 元，计 800 元。

24．12 月 8 日，向红梅公司销售甲产品 500 千克，每千克售价 8.00 元，计 4 000 元，增值税额 680 元；销售乙产品 500 千克，每千克售价 6.00 元，计 3 000 元，增值税额 510 元。全部款项未收回。

25．12 月 8 日，从银行存款结算户支付吉首有线电视台广告费 2000 元。

26．12 月 8 日，向红星公司销售甲产品 1 000 千克，每千克售价 8.00 元，计 8 000 元，增值税额 1 360 元；销售乙产品 1 000 千克，每千克售价 6.00 元，计 6 000 元，增值税额 1 020 元。全部款项未收回。

27．12 月 9 日，向半山公司购进 D 材料 10 000 千克，每千克买价 0.98 元，计 9 800 元，增值税额 1 666 元。款项未付（要求先做账）。

28．12 月 9 日，向华银公司购进 A 材料 5 000 千克，每千克买价 1.98 元，计 9 900 元，增值税额 1 683 元；购进 B 材料 5 000 千克，每千克买价 2.48 元，计 12 400 元，增值税额 2 108 元。款项未付（要求先做账）。

29．12 月 10 日，从银行存款户上交城市维护建设税 500 元。

30．12 月 10 日，从银行存款户支付 9 日所购华银公司 A 材料 5 000 千克，B 材料 5 000 千克，半山公司 D 材料 10 000 千克的运杂费 400 元，按材料重量比例分摊费用并转账。

31．12 月 10 日，上述 ABCD 四种材料均已入库（7 日、9 日购进），按材料的实际成本转账。

32．12 月 11 日，生产乙产品领用 D 材料 10 000 千克，每千克成本 1.00 元，计 10 000 元；领用 A 材料 200 千克，每千克成本 2.00 元，计 400 元。

33．12 月 11 日，红星公司还来账款 16 380 元，存入银行。

34．12 月 11 日，向半山公司购进 D 材料 10 000 千克，每千克买价 0.99 元，计 9 900 元，增值税额 1 683 元，运杂费 100 元，款项从银行存款户支付，材料验收入库。

35．12 月 11 日，生产乙产品领用 B 材料 300 千克，每千克成本 2.50 元，计 750 元；领用 D 材料 10 000 千克，每千克成本 1.00 元，计 10 000 元。

36．12 月 11 日，从银行存款户归还华银公司的账款 26 091 元。

37．12 月 12 日，向华银公司购进 A 材料 10 000 千克，每千克买价 1.98 元，计 19 800 元，增值税额 3 366 元；购进 B 材料 10 000 千克，每千克买价 2.48 元，计 24 800 元，增值税额 4 216 元；运杂费共 400 元（按 A、B 材料的重量比例分摊），款项未付。

38．12 月 12 日，生产乙产品共领用 C 材料 16 千克，每千克成本 20 元，计 320 元。

39．12 月 13 日，业务员王小平暂借差旅费 600 元，开支票从银行存款户提现金支付。

40．12 月 13 日，生产甲产品领用 B 材料 300 千克，每千克成本 2.50 元，计 750 元；领用 C 材料 80 千克，每千克成本 20 元，计 1 600 元。

41．12 月 13 日，A、B 材料运到（12 日购进）并如数验收入库，按材料实际采购成本结转。

42．12 月 14 日，从银行存款户预付明年的报刊费 3 000 元。

43．12 月 14 日，朱勇等同志报销市内车费和误餐费 250 元，以库存现金支付。

44．12 月 14 日，生产甲产品领用 A 材料 10 000 千克，每千克成本 2.00 元，计 20 000 元；领用 C 材料 90 千克，每千克成本 20 元，计 1 800 元；领用 B 材料 10 000 千克，每千克成本 2.50 元，计 25 000 元。

45．12 月 15 日，红梅公司还来账款 8 190 元，存入银行。

46．12 月 15 日，车间购办公用品 560 元，以银行存款支付。

第五部分 参考答案

（会计分录参考答案）

1. 借：银行存款　　200000
　　贷：实收资本　　200000

2. 借：周转材料——办公桌　　2000
　　贷：银行存款　　2000

3. 借：生产成本——乙产品　　11000
　　贷：原材料——D材料　　11000

4. 借：生产成本——甲产品　　7800
　　贷：原材料——A材料　　2800
　　　　——B材料　　5000

5. 借：库存现金　　2000
　　贷：银行存款　　2000

6. 借：应付账款——华银公司　　5000
　　贷：银行存款　　5000

7. 借：其他应收款——尚进　　800
　　贷：银行存款　　800

8．借：银行存款　　120000
　　贷：短期借款　　120000

9．借：管理费用——办公费　　600
　　贷：库存现金　　600

10．借：原材料——A材料　　4000
　　　　　　——B材料　　10000
　　　应交税费——应交增值税（进项税额）2359.60
　　贷：银行存款　　16359.60

11．借：生产成本——乙产品　　575
　　贷：原材料——A材料　　200
　　　　　　——B材料　　375

12．借：在途物资——D材料　　4000
　　　应交税费——应交增值税（进项税额）673.20
　　贷：银行存款　　4673.20

13．借：原材料——D材料　　4000
　　贷：在途物资——D材料　　4000

14．借：生产成本——甲产品　　2500
　　贷：原材料——A材料　　1500
　　　　　　——B材料　　1000

15．借：应交税费——应交增值税（已交税金）5000
　　　　　　——应交所得税　　19250
　　贷：银行存款　　24250

16．借：银行存款　　6000
　　贷：应收账款——红星公司　　4000
　　　　　　——红梅公司　　2000

17．借：银行存款　　10000
　　贷：应收账款——宏瑞公司　　10000

18．借：银行存款　　5530
　　预收账款——宏瑞公司　　5000
　　贷：主营业务收入——乙产品　　9000
　　　　应交税费——应交增值税（销项税额）1530

19．借：银行存款　　14040
　　贷：主营业务收入——甲产品　　12000
　　　　应交税费——应交增值税（销项税额）2040

20．借：应付账款——瑞强公司　　8000
　　　　　　——半山公司　　7000
　　贷：银行存款　　15000

21．借：在途物资——C材料　　2000
　　应交税费——应交增值税（进项税额）　340
　　贷：应付账款——瑞强公司　　2340

22．借：管理费用——差旅费　　500
　　库存现金　　100
　贷：其他应收款——刘小刚　　600

23．借：生产成本——乙产品　　200
　　　　　　——甲产品　　800
　贷：原材料——C材料　　1000

24．借：应收账款——红梅公司　　8190
　贷：主营业务收入——甲产品　　4000
　　　　　　　——乙产品　　3000
　　应交税费——应交增值税（销项税额）　　1190

25．借：销售费用——广告费　　2000
　贷：银行存款　　2000

26．借：应收账款——红星公司　　16380
　贷：主营业务收入——甲产品　　8000
　　　　　　　——乙产品　　6000
　　应交税费——应交增值税（销项税额）　　2380

27．借：在途物资——D材料　　9800
　　应交税费——应交增值税（进项税额）1666
　贷：应付账款——半山公司　　11466

28．借：在途物资——A材料　　9900
　　　　　　——B材料　　12400
　　应交税费——应交增值税（进项税额）　　3791
　贷：应付账款——华银公司　　26091

29．借：应交税费——应交城建税 500

贷：银行存款 500

30．借：在途物资——A材料 100

——B材料 100

——D材料 200

贷：银行存款 400

31．借：原材料——A材料 10000

——B材料 12500

——C材料 2000

——D材料 10000

贷：在途物资——A材料 10000

——B材料 12500

——C材料 2000

——D材料 10000

32．借：生产成本——乙产品 10400

贷：原材料——A材料 400

——D材料 10000

33．借：银行存款 16380

贷：应收账款——红星公司 16380

34．借：原材料——D材料 10000

应交税费——应交增值税（进项税额）1683

贷：银行存款 11683

35. 借：生产成本——乙产品　10750
　　贷：原材料——B 材料　　　750
　　　　　　　——D 材料　　　10000

36. 借：应付账款——华银公司　　26091
　　贷：银行存款　　　　　　　　26091

37. 借：在途物资——A 材料　　　　20000
　　　　　　　——B 材料　　　　25000
　　　应交税费——应交增值税（进项税额）　7582
　　贷：应付账款——华银公司　　　　52582

38. 借：生产成本——乙产品　320
　　贷：原材料——C 材料　　320

39. 借：其他应收款——王小平　　600
　　贷：银行存款　　　　　　　600

40. 借：生产成本——甲产品　2350
　　贷：原材料——B 材料　　750
　　　　　　　——C 材料　　1600

41. 借：原材料——A 材料　20000
　　　　　　——B 材料　25000
　　贷：在途物资——A 材料　　20000
　　　　　　　——B 材料　　25000

42．借：管理费用　　　　3000

　　贷：银行存款　　　　　3000

43．借：管理费用——交通费及误餐费　　　　250

　　贷：银行存款　　　　　　　　　　　　　　250

44．借：生产成本——甲产品　46800

　　贷：原材料——A 材料　　　20000

　　　　　　　——B 材料　　　25000

45．借：银行存款　　　　8190

　　贷：应收账款——红梅公司　　8190

46．借：制造费用　　　　560

　　贷：银行存款　　　　　560

47．借：应付职工薪酬——工资　　　20000

　　贷：银行存款　　　　　　　　　　20000

48．借：固定资产——设备　　　46800

　　贷：银行存款　　　　　　　　46800

49．借：库存商品——甲产品　25750

　　　　　　　　——乙产品　22500

　　贷：生产成本——甲产品　　　25750

　　　　　　　　——乙产品　　　22500

50．借：应付账款——瑞强公司　2340
——半山公司　11466
贷：银行存款　13806

51．借：管理费用——会议费　500
贷：银行存款　500

52．借：银行存款　19890
贷：主营业务收入——甲产品　8000
——乙产品　9000
应交税费——应交增值税（销项税额）2890

53．借：应付账款——华银公司　52582
贷：银行存款　52582

54．借：原材料——D 材料　20000
应交税费——应交增值税（进项税额）3366
贷：银行存款　23366

55．借：应收账款——宏瑞公司　40950
贷：主营业务收入——甲产品　20000
——乙产品　15000
应交税费——应交增值税（销项税额）5950

56．借：原材料——A 材料　16000
——B 材料　5000
应交税费——应交增值税（进项税额）3536
贷：应付账款——华银公司　24536

57. 借：生产成本——乙产品　20000
　　贷：原材料——D 材料　　20000

58. 借：管理费用——差旅费　900
　　贷：其他应收款——尚进　800
　　　　库存现金　100

59. 借：原材料——C 材料　8000
　　应交税费——应交增值税（进项税额）1360
　　贷：银行存款　9360

60. 借：生产成本——甲产品　17000
　　贷：原材料——A 材料　12000
　　　　　　　——B 材料　5000

61. 借：生产成本——乙产品　1470
　　贷：原材料——A 材料　400
　　　　　　　——B 材料　320
　　　　　　　——C 材料　750

62. 借：银行存款　40950
　　贷：应收账款——宏瑞公司　40950

63. 借：银行存款　18720
　　贷：主营业务收入——甲产品　16000
　　　　应交税费——应交增值税（销项税额）2720

64．借：库存商品——甲产品　　27000
　　　　　　　——乙产品　　16500
　　贷：生产成本——甲产品　　27000
　　　　　　　——乙产品　　16500

65．借：应收账款——红梅公司　　30420
　　贷：主营业务收入——甲产品　　8000
　　　　　　　——乙产品　　18000
　　　应交税费——应交增值税（销项税额）4400

66．借：生产成本——甲产品　　30900
　　贷：原材料——A 材料　　10000
　　　　　——B 材料　　17500
　　　　　——C 材料　　3400

67．借：制造费用——交通费　　1800
　　　管理费用——交通费　　500
　　贷：银行存款　　2300

68．借：销售费用　　1000
　　贷：银行存款　　1000

69．借：应收账款——宏瑞公司　　22760
　　　银行存款　　10000
　　贷：主营业务收入——甲产品　　16000
　　　　　　　——乙产品　　12000
　　　应交税费——应交增值税（销项税额）　4760

70．借：银行存款　　　　　　30420
　　贷：应收账款——红梅公司　　30420

71．借：管理费用——保险费　　　12000
　　贷：银行存款　　　　　　　　12000

72．借：应付账款——华银公司　　24536
　　贷：银行存款　　　　　　　　24536

73．借：制造费用——水电费　　　3990
　　　　管理费用——水电费　　　1810
　　贷：银行存款　　　　　　　　5800

74．借：应收账款——红星公司　　　　24570
　　贷：主营业务收入——甲产品　　　　12000
　　　　　　　　　　——乙产品　　　　9000
　　　　应交税费——应交增值税（销项税额）3570

75．借：在途物资——D 材料　　　　　8000
　　　　应交税费——应交增值税（进项税额）1346.40
　　贷：银行存款　　　　　　　　　　　9346.40

76．借：银行存款　　　　　　　　　71253
　　贷：主营业务收入——甲产品　　　　36000
　　　　　　　　　　——乙产品　　　　24900
　　　　应交税费——应交增值税（销项税额）10353

77．借：原材料——A 材料　　　　　　　　　　6000
　　　　应交税费——应交增值税（进项税额）1009.80
　　贷：银行存款　　　　　　　　　　　　　　　7009.80

78．借：短期借款　　　　　　83000
　　贷：银行存款　　　　　　　　83000

79．借：制造费用——折旧费　　　5800
　　　　管理费用——折旧费　　　2200
　　贷：银行存款　　　　　　　　　8000

80．借：生产成本——甲产品　　　8000
　　　　　　　　——乙产品　　　7000
　　　　制造费用——工资　　　　2700
　　　　管理费用——工资　　　　2300
　　贷：应付职工薪酬——工资　　　20000

81．借：生产成本——甲产品　　　1120
　　　　　　　　——乙产品　　　980
　　　　制造费用——工资　　　　378
　　　　管理费用——工资　　　　322
　　贷：应付职工薪酬——职工福利　　2800

82．借：应付利息　　　1200
　　　　财务费用　　　600
　　贷：银行存款　　　　1800

83．借：营业外支出——捐赠支出　　8000
　　贷：银行存款　　　　　　　　　　8000

84．借：库存现金　　　　　　　　100
　　贷：营业外收入——罚没收入　100

85．借：银行存款　　　　65000
　　贷：投资收益　　　　65000

86．借：生产成本——甲产品　　8121.60
　　　　　　　　——乙产品　　7106.40
　　贷：制造费用　　　　　　　15228

87．借：库存商品——甲产品　　56000
　　　　　　　　——乙产品　　18300
　　贷：生产成本——甲产品　　56000
　　　　　　　　——乙产品　　18300

88．借：主营业务成本——甲产品　87500
　　　　　　　　　　——乙产品　52950
　　贷：库存商品——甲产品　　　87500
　　　　　　　　——乙产品　　　52950

89．借：营业税金及附加——城建税　1200
　　　　　　　　　　　——教育费附加　500
　　贷：应交税费——应交城建税　　1200
　　　　　　　　——应交教育费附加　500

90．借：主营业务收入——甲产品　140000
　　　　　　　　　　——乙产品　105900
　　　　投资收益　　　　　　　　65000
　　　　营业外收入　　　　　　　100
　　贷：本年利润　　　　　　　　311000

91. 借：本年利润　　176932

　　贷：主营业务成本——甲产品　　87500

　　　　　　　　　——乙产品　　52950

　　　　管理费用　　24882

　　　　财务费用　　600

　　　　销售费用　　3000

　　　　营业外支出　　8000

92. 借：所得税费用　　33517

　　贷：应交税费——应交所得税　　33517

93. 借：本年利润　　33517

　　贷：所得税费用　　33517

94. 借：本年利润　　450096

　　贷：利润分配——未分配利润　　450096

95. 借：利润分配——提取法定公益金　　45009.60

　　贷：盈余公积——法定盈余公积　　45009.60

96. 借：利润分配——向投资者分配的股利　　191290.80

　　贷：应付股利　　191290.80

97. 借：利润分配——未分配利润　　236300.40

　　贷：利润分配——提取法定盈余公积

　　　　　　　　——向投资者分配的股利

47．12 月 15 日，从银行存款户支付当月工资 20 000 元。

48．12 月 16 日，购进办公设备，买价 40 000 元，增值税额 6 800 元，价税款以银行存款支付，设备已交付使用。

49．12 月 16 日，甲产品完工 5 150 千克，实际成本为 25 750 元，验收入库；乙产品完工 7 500 千克，实际成本 22 500 元，验收入库。

50．12 月 16 日，从银行存款户归还瑞强公司账款 2 340 元，半山公司账款 11 466 元。

51．12 月 17 日，以银行存款支付会议费 500 元。

52．12 月 17 日，向红梅公司销售甲产品 1 000 千克，每千克售价 8.00 元，计 8 000 元，增值税额 1 360 元；销售乙产品 1 500 千克，每千克售价 6.00 元，计 9 000 元，增值税额 1 530 元。全部款项收到并存入银行。

53．12 月 18 日，从银行存款户归还华银公司账款 52 582 元。

54．12 月 18 日，向半山公司购进 D 材料 20 000 千克，每千克买价 0.99 元，计 19 800 元，增值税额 3 366 元，运杂费 200 元，全部款项从银行存款户支付，材料已验收入库。

55．12 月 18 日，向宏瑞公司销售甲产品 2 500 千克，每千克售价 8.00 元，计 20 000 元，增值税额 3 400 元；销售乙产品 2 500 千克，每千克售价 6.00 元，计 15 000 元，增值税额 2 550 元。全部款项未收回。

56．12 月 19 日，向华银公司购进 A 材料 8 000 千克，每千克买价 1.98 元，计 15 840 元，增值税额 2 692.80 元；购进 B 材料 2 000 千克，每千克买价 2.48 元，计 4 960 元，增值税额 843.20 元，运杂费共 200 元，材料运到并验收入库。款项未付（运杂费按 A、B 两种材料的重量比例分摊）。

57．12 月 19 日，生产乙产品领用 D 材料 20 000 千克，每千克成本 1.00 元，计 20 000 元。

58．12 月 20 日，采购员尚进出差回来报销差旅费 900 元，原借款 800 元，垫支的部分以库存现金付给。

59．12 月 20 日，向瑞强公司购进 C 材料 400 千克，每千克买价 20 元，计 8 000 元，增值税额 1 360 元。款项从银行存款户支付，材料已验收入库。

60．12 月 20 日，生产甲产品领用 A 材料 6 000 千克，每千克成本 2.00 元，计 12 000 元；领用 B 材料 2 000 千克，每千克成本 2.50 元，计 5 000 元。

61．12 月 20 日，生产乙产品领用 A 材料 200 千克，每千克成本 2.00 元，计 400 元；领用 C 材料 16 千克，每千克成本 20 元，计 320 元。领用 B 材料 300 千克，每千克成本 2.50 元，计 750 元。

62．12 月 21 日，宏瑞公司还来账款 40 950 元，存入银行。

63．12 月 21 日，销售给红星公司甲产品 2 000 千克，每千克售价 8.00 元，计 16 000 元，增值税额 2 720 元，全部款项收回存入银行。

64．12 月 22 日，完工乙产品 5 500 千克，实际成本 16 500 元，验收入库；完工甲产品 5 400 千克，实际成本为 27 000 元，验收入库。

65．12 月 22 日，向红梅公司销售甲产品 1 000 千克，每千克售价 8.00 元，计 8 000 元，增值税额 1 360 元；销售乙产品 3 000 千克，每千克售价 6.00 元，计 18 000 元，增值税额 3 060 元。全部款项未收回。

66．12 月 23 日，生产甲产品领用 A 材料 5 000 千克，每千克成本 2.00 元，计 10 000 元；领用 B 材料 7 000 千克，每千克成本 2.50 元，计 17 500 元；领用 C 材料 170 千克，每千克成本 20 元，计 3 400 元。

67. 12 月 23 日，车间购买市内乘车月票 1 800 元；厂部管理人员购买市内乘车月票 500 元，从银行存款户支付。

68. 12 月 24 日，从银行存款户支付广播电台广告费 1 000 元。

69. 12 月 24 日，向宏瑞公司销售甲产品 2 000 千克，每千克售价 8.00 元，计 16 000 元，增值税额 2 720 元；销售乙产品 2 000 千克，每千克售价 6.00 元，计 12 000 元，增值税额 2 040 元。收到账款 10 000 元，存入银行，其余款项未收回。

70. 12 月 26 日，红梅公司还来货款 30 420 元，存入银行。

71. 12 月 26 日，从银行存款户支付下年度财产保险费 12 000 元。

72. 12 月 26 日，从银行存款户归还华银公司账款 24 536 元。

73. 12 月 27 日，从银行存款户支付水电费 5 800 元，其中电费 3 000 元，水费 2 800 元。

74. 12 月 27 日，向红星公司销售甲产品 1 500 千克，每千克售价 8.00 元，计 12 000 元，增值税额 2 040 元；销售乙产品 1 500 千克，每千克售价 6.00 元，计 9000，增值税额 1 530 元。全部款项未收回。

75. 12 月 28 日，向半山公司购进 D 材料 8 000 千克，每千克买价 0.99 元，计 7 920 元，增值税额 1 346.40 元，运杂费 80 元，款项以银行存款支付。

76. 12 月 29 日，销售给红梅公司甲产品 4 500 千克，每千克售价 8.00 元，计 36 000 元，增值税额 6 120 元；销售乙产品 4 150 千克，每千克售价 6.00 元，计 24 900 元，增值税额 4 233 元。全部款项收到并存入银行。

77. 12 月 29 日，向富强公司购进 A 材料 3 000 千克，每千克买价 1.98 元，计 5 940 元，增值税额 1 009.80 元，运杂费 60 元，款项未付，材料已于当日验收入库。

78. 12 月 29 日，从银行存款户归还一年期借款 83 000 元。

79. 12 月 30 日，计提固定资产折旧费 8 000 元，其中：车间 5 800 元，厂部 2 200 元。

80. 12 月 30 日，分配本月职工薪酬费用：

车间生产甲产品工人工资 8 000 元；

车间生产乙产品工人工资 7 000 元；

车间管理人员工资 2 700 元；

厂部管理人员、技术人员工资 2 300 元。

81. 12 月 30 日，按各类人员薪酬总额的 14%计提职工福利费。

82. 12 月 30 日，接银行通知，扣本季度借款利息 1 800 元已转账，其中 10 月、11 月已预提借款利息 1 200 元，12 月份利息为 600 元。

83. 12 月 30 日，公司以银行存款支付灾区救济款 8 000 元。

84. 12 月 30 日，公司职工向中因违章操作，经上级领导研究决定，对其罚款 100 元，财务科已收到向中交来的现金罚款。

85. 12 月 30 日，公司收到被投资单位分来的利润 65 000 元，款项已收存银行。

86. 12 月 31 日，将车间制造费用按甲产品和乙产品生产工人工资比例分配转账（先编制制造费用分配表，然后转账）。

87. 12 月 31 日，本月甲产品已完工入库 11 200 千克，实际成本 56 000 元，乙产品完工入库 6 100 千克，实际成本 18 300 元。

88. 12 月 31 日，计算已销售产品的生产成本，然后转账（先编制销售产品成本计算表，然后转账）。

89. 12 月 31 日，计算出本月应交城市维护建设税 1 200 元，教育费附加 500 元。

90．12 月 31 日，将本月主营业务收入、投资收益等收入类账户的发生额转“本年利润”账户。

91．12 月 31 日，将本月主营业成本、管理费用等支出类账户的发生额转“本年利润”账户。

92．12 月 31 日，按本月计税所得额的 25%计算所得税费用。

93．将所得税费用结转“本年利润”账户。

94．12 月 31 日，编制本年净利润计算表，结转本年净利润（将本年利润转入利润分配——未分配利润专户）。

95．12 月 31 日，按全年税后利润的 10%计提法定盈余公积（该企业全年一次性分配利润）。

96．12 月 31 日，按全年税后利润扣除提取法定盈余公积计算向投资者分配股利。

97．12 月 31 日，编制全年利润分配结算表，结转利润分配各明细账户（将利润分配各明细账户转入利润分配——未分配利润专户）。

三、原始凭证资料

1-1

专用拨款单

2010年12月1日

收款单位	宏源公司
拨款事由	增加投资
拨款金额	（大写）人民币贰拾万元整　　¥200000.00
拨款单位	吉首市工业局

单位负责人：张　强　　　　会计：王　方　　　　制单：王　利

1-2

中国建设银行进账单（收账通知）

2010年12月1日　　　　第678号

出票人	全　称	吉首工业局	收款人	全　称	宏源公司
	账　号	87-5		账　号	89-12
	开户银行	人民街银行办事处		开户银行	红旗路银行办事处

人民币（大写）	千	百	十	万	千	百	十	元	角	分
贰拾万元整		¥	2	0	0	0	0	0	0	0

票据种类	转账支票	建行吉首市支行 红旗路办事处 2010.12.01 转讫 收款人开户行签章
票据张数	1	
单位主管：　会计：　复核：　记账：		

收款人开户银行交给收款人的收账通知

2-1

新星电脑公司发票

2010年12月1日　　　第6543号

购货单位：宏源公司							备注
商品编号	品名	规格	单位	数量	单价	金额	
102	电脑桌	2*1	张	4	500.00	2000.00	
合计金额（大写）人民币贰仟元整				合计		￥2000.00	

第三联　购货单位收执

填单：张　进

2-2

中国建设银行

转账支票存根

支票号码　9768

附加信息________________

____

出票日期：2010年12月1日

收款人：新星电脑公司
金　额：￥2000.00
用　途：购电脑桌

单位主管　　　　会计

3-1

宏源公司领料单

领料部门：　　　　2010 年 12 月 1 日　　　　编号：6754

材料名称	编号	规格	单位	数量		单价	金额	记账
				请领	实发			
D 材料			千克	11000	11000	1.00	11000.00	
生产批次			用途	用于乙产品生产				
生产项目								

第三联　会计部门记账

会计：刘俊　记账：李明　发料：王娟　主管：李伟　领料：赵可

4-1

宏源公司领料单

领料部门：　　　　2010 年 12 月 1 日　　　　编号：6755

材料名称	编号	规格	单位	数量		单价	金额	记账
				请领	实发			
A 材料			千克	1400	1400	2.00	2800.00	
生产批次			用途	用于甲产品生产				
生产项目								

第三联　会计部门记账

会计：刘俊　记账：李明　发料：王娟　主管：李伟　领料：赵可

4-2

宏源公司领料单

领料部门：　　　　2010 年 12 月 1 日　　　　编号：6756

材料名称	编号	规格	单位	数量		单价	金额	记账
				请领	实发			
B 材料			千克	2000	2000	2.50	5000.00	
生产批次		用途	用于甲产品生产					
生产项目								

第三联　会计部门记账

会计：刘俊　记账：李明　发料：王娟　主管：李伟　领料：赵可

5-1

中国建设银行

现金支票存根

支票号码　3488

附加信息＿＿＿＿＿＿＿＿

＿＿＿＿＿＿＿＿

出票日期：2010 年 12 月 2 日

收款人：李平
金　额：￥2000.00
用　途：提现备用

单位主管　　　　会计

6-1

中国建设银行

转账支票存根

支票号码　9331

附加信息＿＿＿＿＿＿＿＿＿＿

＿＿＿＿＿＿＿＿＿＿

出票日期：2010 年 12 月 3 日

收款人：华银公司
金　额：¥5000.00
用　途：付购货款

单位主管　　　　会计

7-1

中国建设银行

现金支票存根

支票号码　3489

附加信息＿＿＿＿＿＿＿＿＿＿

＿＿＿＿＿＿＿＿＿＿

出票日期：2010 年 12 月 3 日

收款人：尚进
金　额：¥800.00
用　途：开会差旅费

单位主管　　　　会计

7-2

宏源公司借款单

2010 年 12 月 3 日

姓　名	尚进
事　由	开会
借款金额（大写）	人民币捌佰元整　　　　¥800.00
领导批示	同意借款 张上和　　　　核付

8-1

中国建设银行借款凭证（代回单）

2010 年 12 月 3 日　　　　编号 1122

<table>
<tr><td>借款单位名称</td><td>宏源公司</td><td>放款账号</td><td colspan="4">5-11</td><td colspan="3">往来账号</td><td colspan="3">89-12</td></tr>
<tr><td rowspan="2">借款金额</td><td colspan="2" rowspan="2">人民币（大写）壹拾贰万元整</td><td>千</td><td>百</td><td>十</td><td>万</td><td>千</td><td>百</td><td>十</td><td>元</td><td>角</td><td>分</td></tr>
<tr><td></td><td>¥</td><td>1</td><td>2</td><td>0</td><td>0</td><td>0</td><td>0</td><td>0</td><td>0</td></tr>
<tr><td rowspan="2">种类</td><td rowspan="2">半年期生产周转借款</td><td>单位提出期限</td><td colspan="5">自 2010 年 12 月 3 日起至 2011 年 6 月 2 日</td><td colspan="2" rowspan="2">利率</td><td colspan="3" rowspan="2">6%</td></tr>
<tr><td>单位核定期限</td><td colspan="5">自 2010 年 12 月 3 日起至 2011 年 6 月 2 日</td></tr>
<tr><td colspan="4">上列款项已收入你单位往来账户内
此致
单位（银行签章）
建行京直市支行 红旗路办事处 2010.12.03 转讫</td><td colspan="9">单位会计分录</td></tr>
</table>

第四联　交借款单位

9-1

五一文化用品商店销货发票

购销单位：宏源公司　　　　2010年12月4日

品名	规格	单位	数量	单价	金额	备注
宣传色		瓶	10	3.00	30.00	
水笔		支	5	1.80	9.00	
红纸		[illegible]	100	0.61	61.00	
计算器		个	5	100.00	500.00	
合计人民币（大写）陆佰元整					￥600.00	

现金付讫

第二联　购买单位收执

制单：李小平

10-1

中国建设银行

转账支票存根

支票号码　9332

附加信息＿＿＿＿＿＿＿＿＿＿

出票日期：2010年12月4日

收款人：	华银公司
金　额：	￥16359.60
用　途：	付货款和运费

单位主管　　　会计

10-2

湖南省增值税专用发票

发票联

NO 78965

开票日期：2010 年 12 月 4 日

购货单位	名　　称：宏源公司 纳税人识别号：222238 地址、电话：红旗路 5 号 开户行及账号：中国建设银行红旗路银行 89-12	密码区	略

货物或应税劳务名称	规格型号	单位	数量	单价	金　额	税率	税　额
A 材料		千克	2000	1.98	3960.00	17%	673.20
B 材料		千克	4000	2.48	9920.00		1686.40
合　计					￥13 880.00		￥2359.60
价税合计（大写）壹万陆仟贰佰叁拾玖元陆角整					（小写）￥16239.60		

销货单位	名　　称：华银公司 纳税人识别号：5135788 地址、电话：湖南吉首市人民路 25 号 开户行及账号：81-98	备注	（印章：吉首华银公司 发票专用章）

收款人：尹静　　复核：赵艳　　开票人：罗生　　销货单位（章）

第二联 发票联 购货方记账凭证

10-3

运费结算凭证

承运单位：顺达运业　　　2010 年 12 月 4 日

托运单位：宏源公司
运费金额：（大写）人民币壹佰贰拾元整　　　￥120.00
货物：材料 30 件
验收：按单验收无误　　　验收人签章：谢红香
财会：　核销
分配到材料采购中的 A 材料 40 元，B 材料 80 元

（印章：吉首顺达运业 发票专用章）

10-4

宏源公司材料收料单

材料类别：原材料　　验收日期：2010 年 12 月 4 日　　第 6754 号

发票号码	名称	规格	单位	购进			验收		
				数量	单价	金额	数量	单价	金额
	A 材料		千克	2000	1.98	3960.00	2000	2.00	4000.00
购货单位	华银公司				运杂费	40.00	采购员姓名		周锦
备注					合计	4000.00	附单据		

第三联　会计部门记账

供销科长：赵卫　仓库会计：刘俊　保管员：王娟　复核：李明　制单：王娟

10-5

宏源公司材料收料单

材料类别：原材料　　验收日期：2010 年 12 月 4 日　　第 6755 号

发票号码	名称	规格	单位	购进			验收		
				数量	单价	金额	数量	单价	金额
	B 材料		千克	4000	2.48	9920.00	4000	2.50	10000.00
购货单位	华银公司				运杂费	80.00	采购员姓名		周锦
备注					合计	10000.00	附单据		

第三联　会计部门记账

供销科长：赵卫　仓库会计：刘俊　保管员：王娟　复核：李明　制单：王娟

11-1

宏源公司领料单

领料部门：　　　　2010 年 12 月 4 日　　　　编号：675

材料名称	编号	规格	单位	数量		单价	金额	记账
				请领	实发			
A 材料			千克	100	100	2.00	200.00	
生产批次		用途	用于乙产品生产					
生产项目								

第三联　会计部门记账

会计：刘俊　记账：李明　发料：王娟　主管：李伟　领料：赵可

11-2

宏源公司领料单

领料部门：　　　　2010 年 12 月 4 日　　　　编号：676

材料名称	编号	规格	单位	数量		单价	金额	记账
				请领	实发			
B 材料			千克	150	150	2.50	375.00	
生产批次		用途	用于乙产品生产					
生产项目								

第三联　会计部门记账

会计：刘俊　记账：李明　发料：王娟　主管：李伟　领料：赵可

12-1

中国建设银行 转账支票存根
支票号码　9333
附加信息＿＿＿＿＿＿＿＿
出票日期：2010 年 12 月 4 日
收款人：半山公司
金　额：￥4673.20
用　途：付货款和运杂费
单位主管　　　　会计

12-2

湖南省增值税专用发票

NO 78890

开票日期：2010 年 12 月 4 日

购货单位	名　　称：宏源公司 纳税人识别号：222238 地址、电话：红旗路 5 号 开户行及账号：中国建设银行红旗路银行 89-12	密码区	略				
货物或应税劳务名称	规格型号	单位	数量	单价	金额	税率	税额
D 材料		千克	4000	0.99	3960.00	17%	673.20
合　计					￥3960.00		￥673.20
价税合计（大写）肆仟陆佰叁拾叁元贰角整					（小写）￥4633.20		
销货单位	名　　称：半山公司 纳税人识别号：6135778 地址、电话：湖南吉首市人民路 38 号 开户行及账号：0175	备注	吉首半山公司 发票专用章				
收款人：李铁	复核：王军	开票人：赵梅	销货单位（章）				

第二联 发票联 购货方记账凭证

12-3

运费结算凭证

承运单位：顺达运业　　　　2010年12月4日

托运单位：宏源公司
运费金额：（大写）人民币肆拾元整　　　　　　￥40.00
货物：材料10件
验收：按单验收无误　　　　　　验收人签章：谢红香
财会：　　核销

13-1

宏源公司材料收料单

材料类别：原材料　　验收日期：2010年12月5日　　第6756号

发票号码	名称	规格	单位	购进			验收			
				数量	单价	金额	数量	单价	金额	第三联
	D材料		千克	4000	0.99	3960.00	4000	1.00	4000.00	会计部门记账
购货单位	华银公司			运杂费	40.00		采购员姓名		谢红香	
备注				合计	4000.00		附单据			

供销科长：赵卫　仓库会计：刘俊　保管员：王娟　复核：李明　制单：王娟

14-1

宏源公司领料单

领料部门：　　　　2010 年 12 月 5 日　　　　编号：677

材料名称	编号	规格	单位	数量		单价	金额	记账
				请领	实发			
B 材料			千克	600	600	2.50	1500.00	
生产批次		用途	用于甲产品生产					
生产项目								

第三联　会计部门记账

会计：刘俊　记账：李明　发料：王娟　主管：李伟　领料：赵可

14-2

宏源公司领料单

领料部门：　　　　2010 年 12 月 5 日　　　　编号：678

材料名称	编号	规格	单位	数量		单价	金额	记账
				请领	实发			
A 材料			千克	500	500	2.00	1000.00	
生产批次		用途	用于甲产品生产					
生产项目								

第三联　会计部门记账

会计：刘俊　记账：李明　发料：王娟　主管：李伟　领料：赵可

15-1

中华人民共和国税收缴款书

吉地缴 76778 号

隶属关系：

经济类型：民营企业　　　　填发日期：2010 年 12 月 6 日

征收机关：征收综合所

缴款单位（人）		预算科目		
代码			款	所得税费用
全称	宏源公司		项	企业所得税
开户银行	建设银行红旗路办事处		级次	中央与市共享
账号	89-12	收缴国库		吉首
税款所属时间 2010 年 12 月 04 日		税款缴纳期限 2010 年 12 月 06 日		

品目名称	课税数量	计税金额或销售收入	税率或单位税额	应缴税额	已缴或扣除额	实缴金额 千	百	十	万	千	百	十	元	角	分
所得税费用			25%						1	9	2	5	0	0	0
税款小计									1	9	2	5	0	0	0
滞纳金	逾期　天，每天按税款合计加收　%														
合计金额（大写）人民币壹万玖仟贰佰伍拾元整								¥	1	9	2	5	0	0	0

缴款单位（盖章）经办人（章）	填票人：张明伟	上列款项已收妥并划转收款单位 国库（银行）盖章 2010 年 12 月 06 日	备注	

逾期不缴按税法规定而加收滞纳金

第一联（收据）国库（经收处）收款单位盖章后退缴款单位（人）作完税凭证

15-2

中华人民共和国税收缴款书

吉地缴 76777 号

隶属关系：

经济类型：民营企业　　填发日期：2010 年 12 月 6 日

征收机关：征收综合所

<table>
<tr><td rowspan="5">缴款单位(人)</td><td>代码</td><td></td><td rowspan="4">预算科目</td><td>款</td><td colspan="10">增值税</td></tr>
<tr><td>全称</td><td>宏源公司</td><td>项</td><td colspan="10">企业增值税</td></tr>
<tr><td rowspan="2">开户银行</td><td rowspan="2">建设银行红旗路办事处</td><td rowspan="2">级次</td><td rowspan="2" colspan="10">中央与市共享</td></tr>
<tr></tr>
<tr><td>账号</td><td>89-12</td><td colspan="2">收缴国库</td><td colspan="10">吉首</td></tr>
<tr><td colspan="3">税款所属时间 2010 年 12 月 04 日</td><td colspan="12">税款缴纳期限 2010 年 12 月 06 日</td></tr>
<tr><td rowspan="2">品目名称</td><td rowspan="2">课税数量</td><td rowspan="2">计税金额或销售收入</td><td rowspan="2">税率或单位税额</td><td rowspan="2">应缴税额</td><td rowspan="2">已缴或扣除额</td><td colspan="10">实缴金额</td></tr>
<tr><td>千</td><td>百</td><td>十</td><td>万</td><td>千</td><td>百</td><td>十</td><td>元</td><td>角</td><td>分</td></tr>
<tr><td>增值税</td><td></td><td></td><td>17%</td><td>5000</td><td></td><td></td><td></td><td></td><td></td><td>5</td><td>0</td><td>0</td><td>0</td><td>0</td><td>0</td></tr>
<tr><td></td><td></td><td></td><td></td><td></td><td></td><td></td><td></td><td></td><td></td><td></td><td></td><td></td><td></td><td></td><td></td></tr>
<tr><td></td><td></td><td></td><td></td><td></td><td></td><td></td><td></td><td></td><td></td><td></td><td></td><td></td><td></td><td></td><td></td></tr>
<tr><td colspan="6">税款小计</td><td></td><td></td><td></td><td></td><td>5</td><td>0</td><td>0</td><td>0</td><td>0</td><td>0</td></tr>
<tr><td colspan="6"></td><td colspan="10"></td></tr>
<tr><td colspan="6"></td><td colspan="10"></td></tr>
<tr><td colspan="6"></td><td colspan="10"></td></tr>
<tr><td colspan="6"></td><td colspan="10"></td></tr>
<tr><td>滞纳金</td><td colspan="5">逾期　天，每天按税款合计加收　%</td><td colspan="10"></td></tr>
<tr><td colspan="6">合计金额（大写）人民币伍仟元整</td><td colspan="10">￥ 5 0 0 0 0 0</td></tr>
<tr><td colspan="2">缴款单位（人）（盖章）
经办人（章）刘平之印</td><td>填票人：张明伟</td><td colspan="4">上列款项已收妥并划转收款单位账户
国库（银行）盖章
2010 年 12 月 06 日</td><td colspan="3">备注</td><td colspan="6"></td></tr>
</table>

吉首市地方税务局 征税专用章

吉首宏源公司

建行吉首市支行 红旗路办事处 2010.12.06 转讫

第一联（收据）国库（经收处）收款单位盖章后退缴款单位（人）作完税凭证

逾期不缴按税法规定而加收滞纳金

16-1

中国建设银行进账单（收账通知）

2010 年 12 月 6 日　　　　第 5643 号

出票人	全　称	红星公司	收款人	全　称	宏源公司
	账　号	61-5		账　号	89-12
	开户银行	团结路银行办事处		开户银行	红旗路银行办事处

人民币（大写）肆仟元整	千	百	十	万	千	百	十	元	角	分
				¥	4	0	0	0	0	0

票据种类	转账支票	建行吉首市支行 红旗路办事处 2010.12.06 转讫
票据张数	1	
收回销货款，冲减“应收账款——红星公司”账户		收款单位开户行盖章
单位主管：　会计：　复核：　记账：		

此联是收款人开户银行交给收款人的收账通知

16-2

中国建设银行进账单（收账通知）

2010 年 12 月 6 日　　　　第 1324 号

出票人	全　称	红梅公司	收款人	全　称	宏源公司
	账　号	67-4		账　号	89-12
	开户银行	步行街银行办事处		开户银行	红旗路银行办事处

人民币（大写）贰仟元整	千	百	十	万	千	百	十	元	角	分
				¥	2	0	0	0	0	0

票据种类	转账支票	建行吉首市支行 红旗路办事处 2010.12.06 转讫
票据张数	1	
收回销货款，冲减“应收账款——红梅公司”账户		收款单位开户行盖章
单位主管：　会计：　复核：　记账：		

此联是收款人开户银行交给收款人的收账通知

17-1

中国建设银行进账单（收账通知）

2010 年 12 月 6 日　　　　第 3351 号

出票人	全　称	宏瑞公司	收款人	全　称	宏源公司
	账　号	61-9		账　号	89-12
	开户银行	文艺路银行办事处		开户银行	红旗路银行办事处

人民币（大写）壹万元整	千	百	十	万	千	百	十	元	角	分
			¥	1	0	0	0	0	0	0

票据种类	转账支票	建行吉首市支行 红旗路办事处 2010.12.06 转讫 收款单位开户行盖章
票据张数	1	
收回销货款，冲减“应收账款——宏瑞公司”账户 单位主管：　会计：　复核：　记账：		

此联是收款人开户银行交给收款人的收账通知

18-1

湖南省增值税专用发票

全国统一发票监制章 国家税务总局监制

发票联

NO 78124

开票日期：2010 年 12 月 6 日

购货单位	名　　称：宏瑞公司 纳税人识别号：6785430 地址、电话：文艺路办事处 18 号 开户行及账号：中国建设银行文艺路银行 61-9	密码区	略

货物或应税劳务名称	规格型号	单位	数量	单价	金额	税率	税额
乙产品		千克	1500	6.00	9000.00	17%	1530.00
合　计					¥9000.00		¥1530.00
价税合计（大写）壹万零伍佰叁拾元整					（小写）¥10 530.00		

销货单位	名　　称：宏源公司 纳税人识别号：222238 地址、电话：红旗路 5 号 开户行及账号：中国建设银行红旗路银行 89-12	备注	吉首宏源公司 发票专用章

收款人：李佳明　　复核：孙亚　　开票人：周明　　销货单位（章）

第二联 发票联 购货方记账凭证

18-2

中国建设银行进账单（收账通知）

2010 年 12 月 6 日　　第 3351 号

出票人	全 称	宏瑞公司	收款人	全 称	宏源公司
	账 号	61-9		账 号	89-12
	开户银行	文艺路银行办事处		开户银行	红旗路银行办事处

人民币（大写）	千	百	十	万	千	百	十	元	角	分
伍仟伍佰叁拾元整				¥	5	5	3	0	0	0

票据种类	转账支票	收款单位开户行盖章 建行吉首市支行 红旗路办事处 2010.12.06 转讫
票据张数	1	
单位主管：　会计：　复核：　记账：		

此联是收款人开户银行交给收款人的收账通知

19-1

湖南省增值税专用发票

全国统一发票监制章
国家税务总局监制

发票联

NO 78546

开票日期：2010 年 12 月 6 日

购货单位	名 称：红梅公司 纳税人识别号：6777791 地址、电话：步行街办事处 16 号 开户行及账号：中国建设银行步行街银行 67-4					密码区	略
货物或应税劳务名称	规格型号	单位	数量	单价	金额	税率	税额
甲产品		千克	1500	8.00	12 000.00	17%	2040.00
合 计					¥12 000.00		¥2040.00
价税合计（大写）壹万肆仟零肆拾元整					（小写）¥14040.00		
销货单位	名 称：宏源公司 纳税人识别号：222238 地址、电话：红旗路 5 号 开户行及账号：中国建设银行红旗路银行 89-12					备注	吉首宏源公司 发票专用章

收款人：李佳明　　复核：孙亚　　开票人：周明　　销货单位（章）

第二联 发票联 购货方记账凭证

19-2

中国建设银行进账单（收账通知）

2010 年 12 月 6 日　　第 5454 号

出票人			收款人		
出票人	全 称	红梅公司	收款人	全 称	宏源公司
	账 号	67-4		账 号	89-12
	开户银行	步行街银行办事处		开户银行	红旗路银行办事处

人民币（大写）壹万肆仟零肆拾元整	千	百	十	万	千	百	十	元	角	分
			¥	1	4	0	4	0	0	0

票据种类	转账支票	收款人开户行盖章 建行吉首市支行 红旗路办事处 2010.12.06 转讫
票据张数	1	
单位主管：　会计：　复核：　记账：		

此联是收款人开户银行交给收款人的收账通知

20-1

中国建设银行
转账支票存根

支票号码　3238

附加信息________________

____

出票日期：2010 年 12 月 6 日

收款人：瑞强公司
金　额：¥8000.00
用　途：购货款

单位主管　　会计

20-2

中国建设银行

转账支票存根

支票号码　3239

附加信息＿＿＿＿＿＿＿＿＿＿

＿＿＿＿＿＿＿＿＿＿

出票日期：2010 年 12 月 6 日

收款人：半山公司
金　额：￥7000.00
用　途：购货款

单位主管　　　会计

21-1

湖南省增值税专用发票

全国统一发票监制章 湖南 国家税务总局监制

NO 78433

开票日期：2010 年 12 月 7 日

购货单位	名　　称：	宏源公司	密码区	略
	纳税人识别号：	222238		
	地址、电话：	红旗路 5 号		
	开户行及账号：	中国建设银行红旗路银行 89-12		

货物或应税劳务名称	规格型号	单位	数量	单价	金额	税率	税额
C 材料		千克	100	20.00	2000.00	17%	340.00
合　计					￥2000.00		￥340.00
价税合计（大写）贰仟叁佰肆拾元整					（小写）￥2340.00		

销货单位	名　　称：	瑞强公司	备注	吉首瑞强公司 发票专用章
	纳税人识别号：	7135768		
	地址、电话：	沿江路办事处 12 号		
	开户行及账号：	中国建设银行沿江路银行 115-6		

第二联　发票联　购货方记账凭证

收款人：孔明　　复核：李祥　　开票人：尹杰　　销货单位（章）

22-1

宏源公司差旅费报销单

姓名：尚 进　　　　　　　2010 年 12 月 7 日

起止日期	起止地点	汽车费	火车费	途中补助	住宿费	住勤补助	杂费	合计	单据
12 月 1 日	略	173.00		36.00				209.00	3
12 月 2 日 6 日	住勤				100.00	36.00	28.00	164.00	10
12 月 7 日	略	101.00		36.00				137.00	3
合计		274.00		72.00	100.00	36.00	28.00	510.00	16

领导批示：请核报　张永和　12 月 7 日

22-2

宏源公司现金收据

2010 年 12 月 7 日

今收差旅费多余款

金额（大写）人民币壹佰元整

单位盖章

吉首宏源公司 财务专用章

经手人：李佳民

备注：刘小刚原借款 600 元冲减

23-1

宏源公司领料单

领料部门：　　　　2010 年 12 月 7 日　　　　编号：679

材料名称	编号	规格	单位	数量		单价	金额	记账
				请领	实发			
C 材料			千克	10	10	20.00	200.00	
生产批次		用途	用于乙产品生产					
生产项目								

第三联　会计部门记账

会计：刘俊　记账：李明　发料：王娟　主管：李伟　领料：赵可

23-2

宏源公司领料单

领料部门：　　　　2010 年 12 月 7 日　　　　编号：680

材料名称	编号	规格	单位	数量		单价	金额	记账
				请领	实发			
C 材料			千克	40	40	20.00	800.00	
生产批次		用途	用于甲产品生产					
生产项目								

第三联　会计部门记账

会计：刘俊　记账：李明　发料：王娟　主管：李伟　领料：赵可

24-1

湖南省增值税专用发票

NO 78788

开票日期：2010 年 12 月 8 日

购货单位	名　　称：红梅公司 纳税人识别号：6777791 地址、电话：步行街办事处 16 号 开户行及账号：中国建设银行步行街银行 67-4	密码区	略

货物或应税劳务名称	规格型号	单位	数量	单价	金额	税率	税额
甲产品		千克	500	8.00	4000.00	17%	680.00
乙产品		千克	500	6.00	3000.00		510.00
合　计					￥7000.00		￥1190.00
价税合计（大写）捌仟壹佰玖拾元整					（小写）￥8190.00		

销货单位	名　　称：宏源公司 纳税人识别号：222238 地址、电话：红旗路 5 号 开户行及账号：中国建设银行红旗路银行 89-12	备注	吉首宏源公司 发票专用章

收款人：李佳明　　复核：孙亚　　开票人：周明　　销货单位（章）

第二联 发票联 购货方记账凭证

25-1

中国建设银行

转账支票存根

支票号码　9336

附加信息________________

____

出票日期：2010 年 12 月 8 日

收款人：	吉首有线电视台广告科
金　额：	￥2000.00
用　途：	广告费

单位主管　　　会计

25-2

吉首有线电视台收据

2010 年 12 月 8 日　　　　NO 55432

今收到 宏源公司

金额（大写）人民币贰仟元整　　　　￥2000.00

系付 广告费

吉首有线电视台 发票专用章

收款人：王武

26-1

湖南省增值税专用发票

发票联

NO 78655

开票日期：2010 年 12 月 8 日

<table>
<tr><td rowspan="4">购货单位</td><td>名　　称：</td><td>红星公司</td><td rowspan="4">密码区</td><td rowspan="4">略</td></tr>
<tr><td>纳税人识别号：</td><td>6786912</td></tr>
<tr><td>地址、电话：</td><td>团结路办事处 8 号</td></tr>
<tr><td>开户行及账号：</td><td>中国建设银行团结路银行 61-5</td></tr>
</table>

货物或应税劳务名称	规格型号	单位	数量	单价	金额	税率	税额
甲产品		千克	1000	8.00	8000.00	17%	1360.00
乙产品		千克	1000	6.00	6000.00		1020.00
合　计					￥14 000.00		￥2380.00

价税合计（大写）壹万陆仟叁佰捌拾元整　　（小写）￥16380.00

<table>
<tr><td rowspan="4">销货单位</td><td>名　　称：</td><td>宏源公司</td><td rowspan="4">备注</td><td rowspan="4">吉首宏源公司 发票专用章</td></tr>
<tr><td>纳税人识别号：</td><td>222238</td></tr>
<tr><td>地址、电话：</td><td>红旗路 5 号</td></tr>
<tr><td>开户行及账号：</td><td>中国建设银行红旗路银行 89-12</td></tr>
</table>

第二联 发票联 购货方记账凭证

收款人：李佳明　　复核：孙亚　　开票人：周明　　销货单位（章）

27-1

湖南省增值税专用发票

湖南

NO 78521

开票日期：2010 年 12 月 9 日

购货单位	名　　称：	宏源公司				密码区	略
	纳税人识别号：	222238					
	地址、电话：	红旗路 5 号					
	开户行及账号：	中国建设银行红旗路银行 89-12					

货物或应税劳务名称	规格型号	单位	数量	单价	金额	税率	税额
D 材料		千克	10000	0.98	9800.00	17%	1666.00
合　计					￥9800.00		￥1666.00
价税合计（大写）壹万壹仟肆佰陆拾陆元整					（小写）￥11466.00		

销货单位	名　　称：	半山公司	备注	吉首半山公司 发票专用章
	纳税人识别号：	6135778		
	地址、电话：	湖南吉首市人民路 38 号		
	开户行及账号：	0175		

收款人：李铁　复核：王军　开票人：赵梅　销货单位（章）

第二联 发票联 购货方记账凭证

28-1

湖南省增值税专用发票

湖南

发票联

国家税务总局监制

NO 78222

开票日期：2010 年 12 月 9 日

购货单位	名　　称：宏源公司 纳税人识别号：222238 地址、电话：红旗路 5 号 开户行及账号：中国建设银行红旗路银行 89-12	密码区	略

货物或应税劳务名称	规格型号	单位	数量	单价	金额	税率	税额
A 材料		千克	5000	1.98	9900.00	17%	1683.00
B 材料		千克	5000	2.48	12 400.00		2108.00
合　计					￥22 300.00		￥3791.00
价税合计（大写）贰万陆仟零玖拾壹元整					（小写）￥26091.00		

销货单位	名　　称：华银公司 纳税人识别号：5135788 地址、电话：湖南吉首市人民路 25 号 开户行及账号：81-98	备注	吉首华银公司 发票专用章

收款人：尹静　　复核：赵艳　　开票人：罗生　　销货单位（章）

第二联 发票联 购货方记账凭证

29-1

中华人民共和国税收缴款书

吉国缴 78654 号

隶属关系：

经济类型：民营企业　　　填发日期：2010 年 12 月 10 日

征收机关：地税吉首分局

缴款单位（人）	代码		预算科目	款	城市维护建设税
	全称	宏源公司		项	城市维护建设税
	开户银行	商业城办事处		级次	市级税票号：00307915
	账号	89-12	收缴国库		吉首国库

税款所属时间 2010 年 12 月 10 日　税款缴纳期限 2010 年 12 月 10 日

品目名称	课税数量	计税金额或销售收入	税率或单位税额	应缴税额	已缴或扣除额	实缴金额 千	百	十	万	千	百	十	元	角	分
城市维护建设税			7%	500							5	0	0	0	0
税款小计											5	0	0	0	0
教育费附加															
滞纳金　逾期　天，每天按税款合计加收															
合计金额（大写）人民币伍佰元整										¥	5	0	0	0	0

缴款单位（人）（盖章）经办人（章）	填票人：张明伟	上列款项已收妥并划转收款单位账户　国库（银行）盖章　2010 年 12 月 10 日	备注

逾期不缴按税法规定而加收滞纳金

第一联（收据）国库（经收处）收款单位盖章后退缴款单位（人）作完税凭证

30-1

中国建设银行 转账支票存根
支票号码　9337
附加信息＿＿＿＿＿＿＿＿
出票日期：2010 年 12 月 10 日
收款人：通达货运公司
金　额：￥400.00
用　途：运费
单位主管　　　会计

30-2

运输结算凭证

承运单位：通达货运公司　2010 年 12 月 10 日

托运单位：宏源公司	
运费金额：（大写）人民币肆佰元整	￥400.00
货物：材料 90 件	
验收：按单验收无误	验收人签章：吕方
财会：　核销	
分配到材料采购中的 A 材料 100 元，B 材料 100 元，D 材料 200 元	

31-1

宏源公司材料收料单

材料类别：原材料　　验收日期：2010 年 12 月 10 日　　第 6748 号

发票号码	名称	规格	单位	购进			验收		
				数量	单价	金额	数量	单价	金额
	A 材料		千克	5000	1.98	9900.00	5000	2.00	10000.00
购货单位	华银公司				运杂费	100.00	采购员姓名		张力
备注					合计	10000.00	附单据		

第三联　会计部门记账

供销科长：赵卫　仓库会计：刘俊　保管员：王娟　复核：李明　制单：王娟

31-2

宏源公司材料收料单

材料类别：原材料　　验收日期：2010 年 12 月 10 日　　第 6749 号

发票号码	名称	规格	单位	购进			验收		
				数量	单价	金额	数量	单价	金额
	B 材料		千克	5000	2.48	12400.00	5000	2.50	12500.00
购货单位	华银公司				运杂费	100.00	采购员姓名		张力
备注					合计	12500.00	附单据		

第三联　会计部门记账

供销科长：赵卫　仓库会计：刘俊　保管员：王娟　复核：李明　制单：王娟

31-3

宏源公司材料收料单

材料类别：原材料　　验收日期：2010 年 12 月 10 日　　第 6790 号

发票号码	名称	规格	单位	购进			验收			
				数量	单价	金额	数量	单价	金额	第三联 会计部门记账
	D 材料		千克	10000	0.98	9800.00	10000	1.00	10000.00	
购货单位	半山公司				运杂费	200.00	采购员姓名		张力	
备注					合计	10000.00	附单据			

供销科长：赵卫　仓库会计：刘俊　保管员：王娟　复核：李明　制单：王娟

31-4

宏源公司材料收料单

材料类别：原材料　　验收日期：2010 年 12 月 10 日　　字 6791 号

发票号码	名称	规格	单位	购进			验收			
				数量	单价	金额	数量	单价	金额	第三联 会计部门记账
	C 材料		千克	100	20.00	2000.00	100	20.00	2000.00	
购货单位	半山公司				运杂费		采购员姓名		张力	
备注					合计	2000.00	附单据			

供销科长：赵卫　仓库会计：刘俊　保管员：王娟　复核：李明　制单：王娟

32-1

宏源公司领料单

领料部门： 2010 年 12 月 11 日 编号：6798

材料名称	编号	规格	单位	数量		单价	金额	记账
				请领	实发			
D 材料			千克	10000	10000	1.00	10000.00	
生产批次		用途	用于乙产品生产					
生产项目								

第三联 会计部门记账

会计：刘俊 记账：李明 发料：王娟 主管：李伟 领料：赵可

32-2

宏源公司领料单

领料部门： 2010 年 12 月 11 日 编号：853

材料名称	编号	规格	单位	数量		单价	金额	记账
				请领	实发			
A 材料			千克	200	200	2.00	400.00	
生产批次		用途	用于乙产品生产					
生产项目								

第三联 会计部门记账

会计：刘俊 记账：李明 发料：王娟 主管：李伟 领料：赵可

33-1

中国建设银行进账单（收账通知）

2010年12月11日　　第6574号

出票人	全　称	红星公司	收款人	全　称	宏源公司
	账　号	61-5		账　号	89-12
	开户银行	团结路银行办事处		开户银行	红旗路银行办事处

人民币（大写）壹万陆仟叁佰捌拾元整	千	百	十	万	千	百	十	元	角	分
			¥	1	6	3	8	0	0	0

票据种类	转账支票	建行吉首市支行 红旗路办事处 2010.12.11 转讫 收款单位开户行盖章
票据张数	1	
收回销货款，冲减“应收账款——红星公司”账户。 单位主管：　会计：　复核：　记账：		

此联是收款人开户银行交给收款人的收账通知

34-1

湖南增值税专用发票

全国统一发票监制章 国家税务总局监制

发票联

NO 78555

开票日期：2010年12月11日

购货单位	名　　称：宏源公司 纳税人识别号：222238 地址、电话：红旗路5号 开户行及账号：中国建设银行红旗路银行 89-12					密码区	略
货物或应税劳务名称	规格型号	单位	数量	单价	金额	税率	税额
D材料		千克	10000	0.99	9900.00	17%	1683.00
合　计					¥9900.00		¥1683.00
价税合计（大写）壹万壹仟伍佰捌拾叁元整					（小写）¥11583.00		
销货单位	名　　称：半山公司 纳税人识别号：6135778 地址、电话：湖南吉首市人民路38号 开户行及账号：0175					备注	吉首半山公司 发票专用章

收款人：李铁　　复核：王军　　开票人：赵梅　　销货单位（章）

第二联 发票联 购货方记账凭证

34-2

运费结算凭证

承运单位：永久货运公司　2010年12月11日

托运单位：宏源公司	
运费金额：（大写）人民币壹佰元整	￥100.00
货物：材料 100 件	
验收：按单验收无误	验收人签章：刘静
财会： 核销	

34-3

中国建设银行

转账支票存根

支票号码　9338

附加信息＿＿＿＿＿＿＿＿＿＿

＿＿＿＿＿＿＿＿＿＿

出票日期：2010 年 12 月 11 日

收款人：半山公司
金　额：￥11683.00
用　途：购货款

单位主管　　　会计

34-4

宏源公司材料收料单

验收日期：2010 年 12 月 11 日

材料类别：原材料　　　　　　　验收：　　　第 6800 号

发票号码	名称	规格	单位	购进			验收		
				数量	单价	金额	数量	单价	金额
	D 材料		千克	10000	0.99	9900.00	10000	1.00	10000.00
购货单位	半山公司				运杂费	100.00	采购员姓名		吴铭
备注					合计	10000.00	附单据		

第三联　会计部门记账

供销科长：赵卫　仓库会计：刘俊　保管员：王娟　复核：李明　制单：王娟

35-1

宏源公司领料单

领料部门：　　　　　　2010 年 12 月 11 日　　　　　编号：6801

材料名称	编号	规格	单位	数量		单价	金额	记账
				请领	实发			
B 材料			千克	300	300	2.50	750.00	
生产批次			用途	用于乙产品生产				
生产项目								

第三联　会计部门记账

会计：刘俊　记账：李明　发料：王娟　主管：李伟　领料：赵可

35-2

宏源公司领料单

领料部门：　　　　　　2010 年 12 月 11 日　　　　　　编号：6802

材料名称	编号	规格	单位	数量		单价	金额	记账
				请领	实发			
D 材料			千克	10000	10000	1.00	10000.00	
生产批次		用途	用于乙产品生产					
生产项目								

第三联　会计部门记账

会计：刘俊　记账：李明　发料：王娟　主管：李伟　领料：赵可

36-1

中国建设银行

转账支票存根

支票号码　9339

附加信息________________

____

出票日期：2010 年 12 月 11 日

收款人：华银公司
金　额：￥26091.00
用　途：归还购货款

单位主管　　会计

37-1

湖南省增值税专用发票

发票联

NO 78572

开票日期：2010 年 12 月 12 日

购货单位	名　　称：	宏源公司	密码区	略
	纳税人识别号：	222238		
	地址、电话：	红旗路 5 号		
	开户行及账号：	中国建设银行红旗路银行 89-12		

货物或应税劳务名称	规格型号	单位	数量	单价	金额	税率	税额
A 材料		千克	10000	1.98	19 800.00	17%	3366.00
B 材料		千克	10000	2.48	24 800.00		4216.00
合　计					￥44 600.00		￥7582.00

价税合计（大写）伍万贰仟壹佰捌拾贰元整　　（小写）￥52182.00

销货单位	名　　称：	华银公司	备注	吉首华银公司 发票专用章
	纳税人识别号：	5135788		
	地址、电话：	湖南吉首市人民路 25 号		
	开户行及账号：	81-98		

收款人：尹静　　复核：赵艳　　开票人：罗生　　销货单位（章）

第二联 发票联 购货方记账凭证

37-2

运费结算凭证

承运单位：申通货运　　　　2010年12月12日

托运单位：宏源公司	
运费金额：（大写）人民币肆佰元整	￥400.00
货物：材料100件	
验收：按单验收无误	验收人签章：赵梅
财会： 核销	

37-3

宏源公司内部转账单

转账日期：2010年12月12日

子目或户名	摘要	金额
在途物资——A材料	运杂费分摊	200.00
在途物资——B材料	运杂费分摊	200.00
合计金额（大写）人民币肆佰元整		￥400.00

38-1

宏源公司领料单

领料部门：　　　　2010年12月12日　　　　编号：6804

材料名称	编号	规格	单位	数量		单价	金额	记账
				请领	实发			
C材料			千克	16	16	20.00	320.00	
生产批次		用途	用于乙产品					
生产项目								

第三联　会计部门记账

会计：刘俊　记账：李明　发料：王娟　主管：李伟　领料：赵可

39-1

宏源公司借款单（存根）

2010 年 12 月 13 日

姓　　名	王小平
事　　由	借差旅费
借款金额（大写）	人民币陆佰元整　　　　¥600.00
领导批示	同意借款 张永和　　　　核付

39-2

中国建设银行

现金支票存根

支票号码　0013490

附加信息________________

____

出票日期：2010 年 12 月 13 日

收款人：王小平
金　额：¥600.00
用　途：付暂借差旅费

单位主管　　　会计

40-1

宏源公司领料单

领料部门：　　　　2010 年 12 月 13 日　　　　编号：6805

材料名称	编号	规格	单位	数量		单价	金额	记账
				请领	实发			
B 材料			千克	300	300	2.50	750.00	
生产批次		用途	用于甲产品生产					
生产项目								

第三联　会计部门记账

会计：刘俊　记账：李明　发料：王娟　主管：李伟　领料：赵可

40-2

宏源公司领料单

领料部门　　　　2010 年 12 月 13 日　　　　编号：6806

材料名称	编号	规格	单位	数量		单价	金额	记账
				请领	实发			
C 材料			千克	80	80	20.00	1600.00	
生产批次		用途	用于甲产品生产					
生产项目								

第三联　会计部门记账

会计：刘俊　记账：李明　发料：王娟　主管：李伟　领料：赵可

41-1

宏源公司材料收料单

材料类别：原材料　　验收日期：2010 年 12 月 13 日　　第 6793 号

发票号码	名称	规格	单位	购进			验收		
				数量	单价	金额	数量	单价	金额
	A 材料		千克	10000	1.98	19800.00	10000	2.00	20000.00
购货单位	华银公司			运杂费	200.00		采购员姓名		刘明
备注				合计	20000.00		附单据		

第三联　会计部门记账

供销科长：赵卫　仓库会计：刘俊　保管员：王娟　复核：李明　制单：王娟

41-2

宏源公司材料收料单

材料类别：原材料　　验收日期：2010 年 12 月 13 日　　第 6794 号

发票号码	名称	规格	单位	购进			验收		
				数量	单价	金额	数量	单价	金额
	B 材料		千克	10000	2.48	24800.00	10000	2.50	25000.00
购货单位	华银公司			运杂费	200.00		采购员姓名		刘明
备注				合计	25000.00		附单据		

第三联　会计部门记账

供销科长：赵卫　仓库会计：刘俊　保管员：王娟　复核：李明　制单：王娟

42-1

中国建设银行 现金支票存根 支票号码 3491 附加信息____________ ____________ 出票日期：2010 年 12 月 14 日
收款人：团结路邮局
金　额：￥3000.00
用　途：预订报刊费
单位主管　　会计

43-1

宏源公司市内差旅费报销单

部门：生产科　　　　2010 年 12 月 14 日　　　　编号：443

姓名：朱勇等 5 人	出差事由：			
地点及说明	车费	船费	误餐费	备注
市内车费及误餐费	50.00		200.00	
				现金付讫
合计人民币（大写）贰佰伍拾元整			￥250.00	

核准：胡燕　　证明：单小东　　出差人：朱勇　武进　周丽　阮文　田恬

44-1

宏源公司领料单

领料部门：　　　　2010年12月14日　　　　编号：687

材料名称	编号	规格	单位	数量 请领	数量 实发	单价	金额	记账
A材料			千克	10 000	10 000	20.00	20 000.00	
生产批次		用途	用于甲产品生产					
生产项目								

第三联 会计部门记账

会计：刘俊　记账：李明　发料：王娟　主管：李伟　领料：赵可

44-2

宏源公司领料单

领料部门：　　　　2010年12月14日　　　　编号：688

材料名称	编号	规格	单位	数量 请领	数量 实发	单价	金额	记账
C材料			千克	90	90	20.00	1800.00	
生产批次		用途	用于甲产品生产					
生产项目								

第三联 会计部门记账

会计：刘俊　记账：李明　发料：王娟　主管：李伟　领料：赵可

44-3

宏源公司领料单

领料部门：　　　　2010 年 12 月 14 日　　　　编号：689

材料名称	编号	规格	单位	数量		单价	金额	记账
				请领	实发			
B 材料			千克	10000	10000	2.50	25000.00	
生产批次		用途	用于甲品生产					
生产项目								

第三联　会计部门记账

会计：刘俊　记账：李明　发料：王娟　主管：李伟　领料：赵可

45-1

中国建设银行进账单（收账通知）

2010 年 12 月 15 日　　　　第 6534 号

出票人			收款人		
出票人	全称	红梅公司	收款人	全称	宏源公司
	账号	67-4		账号	89-12
	开户银行	步行街银行办事处		开户银行	红旗路银行办事处

人民币（大写）	千	百	十	万	千	百	十	元	角	分
捌仟壹佰玖拾元整				¥	8	1	9	0	0	0

票据种类	转账支票	收款单位开户行盖章（建行吉首市支行 红旗路办事处 2010.12.15 转讫）
票据张数	1	
收回销货款，冲减“应收账款——红梅公司”账户。		
单位主管：　会计：　复核：　记账：		

此联是收款人开户银行交给收款人的收账通知

46-1

五一文化用品商场销货发票

购货单位：宏源公司　　　　2010年12月15日　　　　第 6758 号

品名	规格	单位	数量	单价	金额	备注
包装纸		张	150	2.00	300.00	车
绘图笔		支	50	2.50	125.00	间
其他					35.00	购
合计人民币（大写）伍佰陆拾元整					￥560.00	买

第二联 购买单位收执

填单：李小平

46-2

中国建设银行

转账支票存根

支票号码　8859

附加信息________________

____

出票日期：2010年12月15日

收款人：	五一文化用品商场
金　额：	￥560.00
用　途：	购办公用品

单位主管　　　会计

47-1

工资支付专用凭证

2010 年 12 月 15 日　　　　NO 965

<table>
<tr><td>收款单位
（或收款人）
名称</td><td>宏源公司</td><td colspan="10">开户银行：红旗路银行办事处</td></tr>
<tr><td rowspan="2">支付金额</td><td rowspan="2" colspan="2">人民币（大写）贰万元整</td><td>十</td><td>万</td><td>千</td><td>百</td><td>十</td><td>元</td><td>角</td><td>分</td></tr>
<tr><td>¥</td><td>2</td><td>0</td><td>0</td><td>0</td><td>0</td><td>0</td><td>0</td></tr>
<tr><td colspan="2">工资所属月份 12，本次职工人数 23 人
1．标准工资（基本工资）18000 元
2．补贴 2000 元
3.
4.
5.</td><td>备注</td><td colspan="9">建行吉首市支行
红旗路办事处
2010.12.15
转讫</td></tr>
</table>

第三联 单位留底

47-2

宏源公司工资结算明细表

2010 年 12 月 15 日

姓名	标准工资	补贴	实发数	签名
刘明	1120	100	1220	刘明
尚进	1240	100	1340	尚进
⋮	⋮	⋮	⋮	⋮
张进才	1000	100	1100	张进才
合计	18000.00	2000	20000.00	

部门负责人：钟训　　　　制表人：陈洁

48-1

湖南省增值税专用发票

NO 78775

开票日期：2010 年 12 月 16 日

购货单位	名　　称：宏源公司 纳税人识别号：222238 地址、电话：红旗路 5 号 开户行及账号：中国建设银行红旗路银行 89-12					密码区	略
货物或应税劳务名称	规格型号	单位	数量	单价	金额	税率	税额
机器设备		台	1	40 000	40000.00	17%	6800.00
合　计					￥40000.00		￥6800.00
价税合计（大写）肆万陆仟捌佰元整					（小写）￥46800.00		
销货单位	名　　称：宏运公司 纳税人识别号：4769828 地址、电话：湖南吉首市广发路 30 号 开户行及账号：12368					备注	吉首宏运公司 发票专用章

收款人：　　复核：　　开票人：　　销货单位（章）

第二联 发票联 购货方记账凭证

48-2

中国建设银行

转账支票存根

支票号码　9343

附加信息________________

____

出票日期：2010 年 12 月 16 日

收款人：	宏运公司
金　额：	￥46800.00
用　途：	购设备

位主管　　　会计

48-3

宏源公司固定资产验收单

2010 年 12 月 16 日　　　　第 6 号

总编号		分类编号			分类编号（测）		
名称	设备		型号		1090F		
规格							
国别	中国	生产厂家			出厂编号		
出厂日期	2010 年 8 月	单位	台	数量	1	单价	40 000.00
总价	46 800.00	发票号码	78775		经费来源		自筹
销售单	宏运公司				使用方向		车间
附件	一张				新旧程度		新
备注			使用单位				

财产管理部门：周渊　财产使用部门：郑明　经办人：王子文　保管员：田佳

49-1

宏源公司产成品入库单

2010 年 12 月 16 日

编号	名称	单位	数量	单位成本	金额
	甲产品	千克	5150	5.00	25 750.00
	合计				￥25 750.00

车间负责人：李伟　　　　仓库经办人：李　明　　　　制单：王娟

49-2

宏源公司产成品入库单

2010 年 12 月 16 日

编号	名称	单位	数量	单位成本	金额
	乙产品	千克	7500	3.00	22 500.00
	合计				￥22 500.00

车间负责人：李伟　　　　仓库经办人：李明　　　　制单：王娟

50-1

中国建设银行

转账支票存根

支票号码　9341

附加信息____________________

____

出票日期：2010 年 12 月 16 日

收款人：	瑞强公司
金　额：	￥2340.00
用　途：	归还购货款

单位主管　　　会计

50-2

中国建设银行

转账支票存根

支票号码　9342

附加信息____________________

____

出票日期：2010 年 12 月 16 日

收款人：半山公司
金　额：￥11466.00
用　途：归还购货款

单位主管　　　会计

51-1

中国建设银行

现金支票存根

支票号码　0013492

附加信息____________________

____

出票日期：2010 年 12 月 17 日

收款人：湘州科技局
金　额：￥500.00
用　途：会议费

单位主管　　　会计

51-2

科技局收据

2010年12月17日

项目：会议费		
单位：宏源公司		
金额：人民币伍佰元整		¥500.00
备注：		
科技局	公章	收款人：周显军 2010年12月17日

（印章：吉首市科技局公司 财务专用章）

52-1

中国建设银行进账单（收账通知）

2010年12月17日　　第5674号

出票人			收款人		
出票人	全称	红梅公司	收款人	全称	宏源公司
	账号	67-4		账号	89-12
	开户银行	步行街银行办事处		开户银行	红旗路银行办事处

人民币（大写）	千	百	十	万	千	百	十	元	角	分
壹万玖仟捌佰玖拾元整			¥	1	9	8	9	0	0	0

票据种类	转账支票	收款单位开户行盖章 （印章：建行吉首市支行 红旗路办事处 2010.12.17 转讫）
票据张数	1	
单位主管：　会计：　复核：　记账：		

此联是收款人开户银行交给收款人的收账通知

52-2

湖南省增值税专用发票

全国统一发票监制章 湖南 国家税务总局监制

此联不作报销、扣税凭证使用　　　　NO 98887

开票日期：2010 年 12 月 17 日

购货单位	名　　称：	红梅公司	密码区	略
	纳税人识别号：	6786738		
	地址、电话：	文艺路办事处 18 号		
	开户行及账号：	中国建设银行文艺路银行 61-9		

货物或应税劳务名称	规格型号	单位	数量	单价	金额	税率	税额
甲产品		千克	1000	8.00	8000.00	17%	1360.00
乙产品		千克	1500	6.00	9000.00		1530.00
合　计					¥17 000.00		¥2890.00
价税合计（大写）壹万玖仟捌佰玖拾元整				（小写）¥19 890.00			

销货单位	名　　称：	宏源公司	备注	吉首宏源公司 发票专用章
	纳税人识别号：	222238		
	地址、电话：	红旗路 5 号		
	开户行及账号：	中国建设银行红旗路银行 89-12		

收款人：李佳明　　复核：孙亚　　开票人：周明　　销货单位（章）

第四联 记账联 销货方记账凭证

53-1

中国建设银行

转账支票存根

支票号码 7869

附加信息____________________

____

出票日期：2010 年 12 月 18 日

收款人：华银公司
金 额：￥52582.00
用 途：归还购货款

单位主管 会计

54-1

中国建设银行

转账支票存根

支票号码 9345

附加信息____________________

____

出票日期：2010 年 12 月 18 日

收款人：半山公司
金 额：￥23366.00
用 途：付购货款

单位主管 会计

54-2

湖南省增值税专用发票

NO 78987

开票日期：2010 年 12 月 18 日

购货单位	名　　称：宏源公司 纳税人识别号：222238 地址、电话：红旗路 5 号 开户行及账号：中国建设银行红旗路银行 89-12	密码区	略

货物或应税劳务名称	规格型号	单位	数量	单价	金额	税率	税额
D 材料		千克	20 000	0.99	19 800.00	17%	3366.00
合　计					￥19 800.00		￥3366.00
价税合计（大写）贰万叁仟壹佰陆拾陆元整				（小写）￥23166.00			

销货单位	名　　称：半山公司 纳税人识别号：6135778 地址、电话：湖南吉首市人民路 38 号 开户行及账号：0175	备注	吉首半山公司 发票专用章

收款人：李铁　　复核：王军　　开票人：赵梅　　销货单位（章）

第二联　发票联　购货方记账凭证

54-3

运费结算凭证

承运单位：顺达运业　　2010 年 12 月 18 日

托运单位：宏源公司	
运费金额：（大写）人民币贰佰元整	￥200.00
货物：材料 100 件	
验收：按单验收无误	验收人签章：谢红香

54-4

宏源公司材料收料单

材料类别：原材料　　验收日期：2010 年 12 月 18 日　　第 6787 号

发票号码	名称	规格	单位	购进			验收		
				数量	单价	金额	数量	单价	金额
	D 材料		千克	20000	0.99	19800.00	20000	1.00	20000.00
购货单位	半山公司				运杂费	200.00	采购员姓名		周锦
备注					合计	20000.00	附单据		

第三联　会计部门记账

供销科长：赵卫　仓库会计：刘俊　保管员：王娟　复核：李明　制单：王娟

55-1

（108）湖南省增值税专用发票

湖南

此联不作报销、扣税凭证使用　　NO 98965

开票日期：2010 年 12 月 18 日

购货单位	名　　称：宏瑞公司 纳税人识别号：6785430 地址、电话：文艺路办事处 18 号 开户行及账号：中国建设银行文艺路银行 61-9	密码区	略

货物或应税劳务名称	规格型号	单位	数量	单价	金额	税率	税额
甲产品		千克	2500	8.00	20 000.00	17%	3400.00
乙产品		千克	2500	6.00	15 000.00	17%	2550.00
合　计					￥35 000.00		￥5950.00
价税合计（大写）肆万零玖佰伍拾元整					（小写）￥40950.00		

销货单位	名　　称：宏源公司 纳税人识别号：222238 地址、电话：红旗路 5 号 开户行及账号：中国建设银行红旗路银行 89-12	备注	吉首宏源公司 发票专用章

第四联 记账联 销货方记账凭证

收款人：李佳明　　复核：孙亚　　开票人：周明　　销货单位（章）

56-1

湖南省增值税专用发票

发票联

NO 78482

开票日期：2010年12月19日

购货单位	名　　称：	宏源公司	密码区	略
	纳税人识别号：	222238		
	地址、电话：	红旗路5号		
	开户行及账号：	中国建设银行红旗路银行89-12		

货物或应税劳务名称	规格型号	单位	数量	单价	金额	税率	税额
A材料		千克	8000	1.98	15 840.00	17%	2692.80
B材料		千克	2000	2.48	4960.00	17%	843.20
合　计					￥20 800.00		￥3536.00
价税合计（大写）贰万肆仟叁佰叁拾陆元整					（小写）￥24336.00		

销货单位	名　　称：	华银公司	注
	纳税人识别号：	5135788	
	地址、电话：	湖南吉首市人民路25号	
	开户行及账号：	81-98	

收款人：尹静　　复核：赵艳　　开票人：罗生　　销货单位（章）

第二联　发票联　购货方记账凭证

56-2

运输凭证

承运单位：顺达运业　　2010年12月19日

托运单位：宏源公司	
运费金额：（大写）人民币贰佰元整	￥200.00
货物：材料100件	
验收：按单验收无误	验收人签章：谢红香

56-3

宏源公司内部转账单

转账日期：2010 年 12 月 19 日

子目或户名	摘要	金额
	运杂费按材料重量分摊	
A 材料	8000×200／（8000+2000）=160	160.00
B 材料	2000×200／（8000+2000）=40	40.00
合计金额（大写）人民币贰佰元整		¥200.00

审核：苏珊　　　　制单：陈洁

56-4

宏源公司材料收料单

材料类别：原材料　　验收日期：2010 年 12 月 19 日　　第 6785 号

发票号码	名称	规格	单位	购进			验收		
				数量	单价	金额	数量	单价	金额
	A 材料		千克	8000	1.98	15840.00	8000	2.00	16000.00
供货单位	华银公司				运杂费	160.00	采购员姓名		王强
备注					合计	16000.00	附单据		

第三联 会计部门记账

供销科长：赵卫 仓库会计：刘俊 保管员：王娟 复核：李明 制单：王娟

56-5

宏源公司材料收料单

材料类别：原材料　　　验收日期：2010 年 12 月 19 日　　　字 6786 号

发票号码	名称	规格	单位	购进			验收		
				数量	单价	金额	数量	单价	金额
	B 材料		千克	2000	2.48	4960.00	2000	2.50	5000.00
供货单位	华银公司			运杂费		40.00	采购员姓名		周锦
备注				合计		5000.00	附单据		

第三联　会计部门记账

供销科长：赵卫　仓库会计：刘俊　保管员：王娟　复核：李明　制单：王娟

57-1

宏源公司领料单

领料部门：　　　2010 年 12 月 19 日　　　编号：690

材料名称	编号	规格	单位	数量		单价	金额	记账
				请领	实发			
D 材料			千克	20000	20000	1.00	20000.00	
生产批次		用途	用于乙产品					
生产项目								

第三联　会计部门记账

会计：刘俊　记账：李明　发料：王娟　主管：李伟　领料：赵可

58-1

宏源公司差旅费报销单

姓名：尚进　　　　　　2010 年 12 月 20 日

起止日期	起止地点	汽车费	火车费	途中补助	住宿费	住勤补助	杂费	合计	单据
12 月 10 日	略		80.00	20.00				100.00	2
12 月 11—15 日	住宿				550.00	100.00	50.00	700.00	15
12 月 16 日	略		80.00	20.00				100.00	2
合计			160.00	40.00	550.00	100.00	50.00	900.00	19
合计核销金额（大写）		捌佰元整￥900.00			备注：原借款 800 元，报销 900 元，垫付 100 元以现金付讫				

领导签字：同意报销　　张永和　　　　报销人签字：尚进

59-1

湖南省增值税专用发票

湖南

发票联

全国统一发票监制章 国家税务总局监制

NO 78453

开票日期：2010 年 12 月 20 日

<table>
<tr><td>购货单位</td><td colspan="6">名　　称：宏源公司
纳税人识别号：222238
地址、电话：红旗路 5 号
开户行及账号：中国建设银行红旗路银行 89-12</td><td>密码区</td><td>略</td></tr>
<tr><td colspan="2">货物或应税劳务名称</td><td>规格型号</td><td>单位</td><td>数量</td><td>单价</td><td>金额</td><td>税率</td><td>税额</td></tr>
<tr><td colspan="2">C 材料</td><td></td><td>千克</td><td>400</td><td>20.00</td><td>8000.00</td><td>17%</td><td>1360.00</td></tr>
<tr><td colspan="2">合　计</td><td></td><td></td><td></td><td></td><td>￥8000.00</td><td></td><td>￥1360.00</td></tr>
<tr><td colspan="9">价税合计（大写）玖仟叁佰陆拾元整　　　　（小写）￥9360.00</td></tr>
<tr><td>销货单位</td><td colspan="5">名　　称：瑞强公司
纳税人识别号：7135768
地址、电话：湖南吉首市沿江路 12 号
开户行及账号：115-6</td><td>备注</td><td colspan="2">吉首瑞强公司 发票专用章</td></tr>
</table>

第二联 发票联 购货方记账凭证

收款人：孔明　　复核：李祥　　开票人：尹杰　　销货单位（章）

59-2

中国建设银行

转账支票存根

支票号码　9346

附加信息____________________

出票日期：2010 年 12 月 20 日

收款人：瑞强公司
金　额：￥9360.00
用　途：付材料款

单位主管　　　会计

59-3

宏源公司材料收料单

材料类别：原材料　　验收日期：2010 年 12 月 20 日　　　字 6788 号

发票号码	名称	规格	单位	购进			验收		
				数量	单价	金额	数量	单价	金额
	C 材料		千克	400	20.00	8000.00	400	20	8000.00
供货单位	华银公司			运杂费			采购员姓名		王强
备注				合计	8000.00		附单据		

第三联　会计部门记账

供销科长：赵卫　仓库会计：刘俊　保管员：王娟　复核：李明　制单：王娟

60-1

宏源公司领料单

领料部门：　　　　2010 年 12 月 20 日　　　　编号：6795

材料名称	编号	规格	单位	数量		单价	金额	记账
				请领	实发			
A 材料			千克	6000	6000	2.00	12000.00	
生产批次		用途	用于甲产品生产					
生产项目								

第三联　会计部门记账

会计：刘俊　记账：李明　发料：王娟　主管：李伟　领料：赵可

60-2

宏源公司领料单

领料部门：　　　　2010 年 12 月 20 日　　　　编号：6796

材料名称	编号	规格	单位	数量		单价	金额	记账
				请领	实发			
B 材料			千克	2000	2000	2.50	5000.00	
生产批次		用途	用于甲产品生产					
生产项目								

第三联　会计部门记账

会计：刘俊　记账：李明　发料：王娟　主管：李伟　领料：赵可

61-1

宏源公司领料单

领料部门：　　　　2010 年 12 月 20 日　　　　编号：6791

材料名称	编号	规格	单位	数量 请领	数量 实发	单价	金额	记账
A 材料			千克	200	200	2.00	400.00	
生产批次			用途	用于乙产品生产				
生产项目								

第三联　会计部门记账

会计：刘俊　记账：李明　发料：王娟　主管：李伟　领料：赵可

61-2

宏源公司领料单

领料部门：　　　　2010 年 12 月 20 日　　　　编号：6792

材料名称	编号	规格	单位	数量 请领	数量 实发	单价	金额	记账
C 材料			千克	8	8	20.00	160.00	
生产批次			用途	用于乙产品生产				
生产项目								

第三联　会计部门记账

会计：刘俊　记账：李明　发料：王娟　主管：李伟　领料：赵可

61-3

宏源公司领料单

领料部门： 2010 年 12 月 20 日 编号：6793

材料名称	编号	规格	单位	数量		单价	金额	记账
				请领	实发			
B 材料			千克	300	300	2.50	750.00	
生产批次		用途	用于乙产品生产					
生产项目								

第三联 会计部门记账

会计：刘俊 记账：李明 发料：王娟 主管：李伟 领料：赵可

61-4

宏源公司领料单

领料部门 2010 年 12 月 20 日 编号：6794

材料名称	编号	规格	单位	数量		单价	金额	记账
				请领	实发			
C 材料			千克	8	8	20.00	160.00	
生产批次		用途	用于乙产品生产					
生产项目								

第三联 会计部门记账

会计：刘俊 记账：李明 发料：王娟 主管：李伟 领料：赵可

62-1

中国建设银行进账单（收账通知）

2010 年 12 月 21 日　　　　第 6554 号

出票人	全　称	宏瑞公司	收款人	全　称	宏源公司
	账　号	61-9		账　号	89-12
	开户银行	文艺路银行办事处		开户银行	红旗路银行办事处

人民币（大写）	千	百	十	万	千	百	十	元	角	分
肆万零玖佰伍拾元整			¥	4	0	9	5	0	0	0

票据种类	转账支票	收款单位开户银行盖章 建行吉首市支行 红旗路办事处 2010.12.21 转讫
票据张数	1	
收回销货款，冲减“应收账款——宏瑞公司”账户		
单位主管：　会计：　复核：　记账：		

此联是收款人开户银行交给收款人的收账通知

63-1

湖南省增值税专用发票

此联不作报销、扣税凭证使用　　　　NO 98905

开票日期：2010 年 12 月 21 日

购货单位	名　　称：红星公司 纳税人识别号：6786912 地址、电话：团结路办事处 8 号 开户行及账号：中国建设银行团结路银行 61-5	密码区	略

货物或应税劳务名称	规格型号	单位	数量	单价	金额	税率	税额
甲产品		千克	2000	8.00	16 000.00	17%	2720.00
合　计					¥16000.00		¥2720.00
价税合计（大写）壹万捌仟柒佰贰拾元整					（小写）¥18720.00		

销货单位	名　　称：宏源公司 纳税人识别号：222238 地址、电话：红旗路 5 号 开户行及账号：中国建设银行红旗路银行 89-12	备注	吉首宏源公司 发票专用章

收款人：李佳明　　复核：孙亚　　开票人：周明　　销货单位（章）

第四联　记账联　销货方记账凭证

63-2

中国建设银行进账单（收账通知）

2010 年 12 月 21 日　　　　第 6543 号

<table>
<tr><td rowspan="4">出票人</td><td>全 称</td><td>红星公司</td><td rowspan="4">收款人</td><td>全 称</td><td colspan="10">宏源公司</td></tr>
<tr><td>账 号</td><td>61-5</td><td>账 号</td><td colspan="10">89-12</td></tr>
<tr><td rowspan="2">开户银行</td><td rowspan="2">团结路银行办事处</td><td rowspan="2">开户银行</td><td rowspan="2" colspan="10">红旗路银行办事处</td></tr>
<tr></tr>
<tr><td colspan="5" rowspan="2">人民币（大写）壹万捌仟柒佰贰拾元整</td><td>千</td><td>百</td><td>十</td><td>万</td><td>千</td><td>百</td><td>十</td><td>元</td><td>角</td><td>分</td></tr>
<tr><td></td><td></td><td>¥</td><td>1</td><td>8</td><td>7</td><td>[illegible]</td><td>[illegible]</td><td>[illegible]</td><td>0</td></tr>
<tr><td colspan="2">票据种类</td><td colspan="3">转账支票</td><td colspan="10" rowspan="3">建行吉首市支行
红旗路办事处
2010.12.17
转讫
收款单位开户行盖章</td></tr>
<tr><td colspan="2">票据张数</td><td colspan="3">1</td></tr>
<tr><td colspan="5">单位主管：　会计：　复核：　记账：</td></tr>
</table>

此联是收款人开户银行交给收款人的收账通知

64-1

宏源公司产成品入库单

2010 年 12 月 16 日　　　　NO 966

编号	名称	单位	数量	单位成本	金额
	甲产品	千克	5400	5.00	27000.00
	合计				¥27 000.00

第三联 会计记账

车间负责人：李伟　　　仓库经办人：李明　　　制单：王娟

64-2

宏源公司产成品入库单

2010 年 12 月 16 日　　　　NO 965

编号	名称	单位	数量	单位成本	金额
	乙产品	千克	5500	3.00	16 500.00
	合计				￥16 500.00

第三联 会计记账

车间负责人：李伟　　仓库经办人：李明　　制单：王娟

65-1

湖南省增值税专用发票

此联不作报销、扣税凭证使用　　　　NO 98923

开票日期：2010 年 12 月 22 日

购货单位	名　　称：红梅公司 纳税人识别号：6777791 地址、电话：步行街办事处 16 号 开户行及账号：中国建设银行步行街银行 67-4	密码区	略

货物或应税劳务名称	规格型号	单位	数量	单价	金额	税率	税额
乙产品		千克	3000	6.00	18 000.00	17%	3060.00
合　计					￥1800.00		￥3060.00
价税合计（大写）贰万壹仟零陆拾元整					（小写）￥21060.00		

销货单位	名　　称：宏源公司 纳税人识别号：222238 地址、电话：红旗路 5 号 开户行及账号：中国建设银行红旗路银行 89-12	备注	吉首宏源公司 发票专用章

第四联 记账联 销货方记账凭证

收款人：李佳明　　复核：孙亚　　开票人：周明　　销货单位（章）

65-2

湖南省增值税专用发票

此联不作报销、扣税凭证使用　　　　NO 98945

开票日期：2010 年 12 月 22 日

购货单位	名称：红梅公司 纳税人识别号：6777791 地址、电话：步行街办事处 16 号 开户行及账号：中国建设银行步行街银行 61-9					密码区	略
货物或应税劳务名称	规格型号	单位	数量	单价	金额	税率	税额
甲产品		千克	1000	8.00	8000.00	17%	1360.00
合　计					￥8000.00		￥1360.00
价税合计（大写）玖仟叁佰陆拾元整					（小写）￥9360.00		
销货单位	名称：宏源公司 纳税人识别号：222238 地址、电话：红旗路 5 号 开户行及账号：中国建设银行红旗路银行 89-12					备注	吉首宏源公司 发票专用章

收款人：李佳明　　复核：孙亚　　开票人：周明　　销货单位（章）

第四联　记账联　销货方记账凭证

66-1

宏源公司领料单

领料部门：　　　　201[illegible] 日　　　　编号：6796

材料名称	编号	规格	单位	数量		单价	金额	记账
				请领	实发			
A 材料			千克	5000	5000	2.00	10000.00	
生产批次		用途	用于甲产品生产					
生产项目								

会计：刘俊　　记账：李明　　发料：王娟　　主管：李伟　　领料：赵可

第三联　会计部门记账

66-2

宏源公司领料单

领料部门：　　　　2010年12月23日　　　　编号：6797

材料名称	编号	规格	单位	数量		单价	金额	记账
				请领	实发			
B材料			千克	7000	7000	2.50	17500.00	
生产批次		用途	用于甲产品生产					
生产项目								

第三联　会计部门记账

会计：刘俊　记账：李明　发料：王娟　主管：李伟　领料：赵可

66-3

宏源公司领料单

领料部门：　　　　2010年12月23日　　　　编号：6798

材料名称	编号	规格	单位	数量		单价	金额	记账
				请领	实发			
C材料			千克	170	170	20.00	3400.00	
生产批次		用途	用于甲产品生产					
生产项目								

第三联　会计部门记账

会计：刘俊　记账：李明　发料：王娟　主管：李伟　领料：赵可

67-1

宏源公司内部转账单

转账日期：2010 年 12 月 23 日

子目或户名	摘要	金额
车间	市内交通费	1800.00
厂部	市内交通费	500.00
合计金额（大写）人民币贰仟叁佰元整		￥2300.00

审核：苏珊　　　　制单：陈洁

67-2

中国建设银行

现金支票存根

支票号码　543287

附加信息____________________

____

出票日期：2010 年 12 月 23 日

收款人：	市汽车公司
金　额：	￥2300.00
用　途：	市内乘车月票款

单位主管　　　会计

68-1

中国建设银行

转账支票存根

支票号码　78654

附加信息＿＿＿＿＿＿＿＿＿＿＿＿

＿＿＿＿＿＿＿＿＿＿＿＿

出票日期：2010 年 12 月 24 日

收款人：人民广播电视台
金　额：¥1000.00
用　途：付广告费

单位主管　　　　会计

68-2

吉首广播电视台收据

2010 年 12 月 25 日　　　　NO 564

今收到 宏源公司

人民币 壹仟元整　　　¥1000.00

系付 广告费

单位盖章：　　会计：姚岚　　出纳：向辉　　经手人：李艳

69-1

中国建设银行进账单（收账通知）

2010 年 12 月 21 日　　　　第 2675 号

出票人	全 称	宏瑞公司	收款人	全 称	宏源公司
	账 号	61-9		账 号	89-12
	开户银行	文艺路银行办事处		开户银行	红旗路银行办事处
人民币（大写）壹万元整			千 百 十 万 千 百 十 元 角 分		¥ 1 0 0 0 0 0 0
票据种类	转账支票		收款单位开户行盖章		
票据张数	1				
单位主管：　会计：　复核：　记账：					

建行吉首市支行 红旗路办事处 2010.12.21 转讫

此联是收款人开户银行交给收款人的收账通知

69-2

湖南省增值税专用发票

此联不作报销、扣税凭证使用　　　　NO 98567

开票日期：2010 年 12 月 24 日

购货单位	名　　称：宏瑞公司 纳税人识别号：6785430 地址、电话：文艺路办事处 18 号 开户行及账号：中国建设银行文艺路银行 61-9					密码区	略
货物或应税劳务名称	规格型号	单位	数量	单价	金额	税率	税额
乙产品		千克	2000	6.00	12 000.00	17%	2040.00
合　计					¥12 000.00		¥2040.00
价税合计（大写）壹万肆仟零肆拾元整					（小写）¥14040.00		
销货单位	名　　称：宏源公司 纳税人识别号：222238 地址、电话：红旗路 5 号 开户行及账号：中国建设银行红旗路银行 89-12					备注	吉首宏源公司 发票专用章

收款人：李佳明　　复核：孙亚　　开票人：周明　　销货单位（章）

第四联 记账联 销货方记账凭证

69-3

湖南省增值税专用发票

此联不作报销、扣税凭证使用　　NO 89660

开票日期：2010 年 12 月 24 日

购货单位	名　　称：宏瑞公司 纳税人识别号：6785430 地址、电话：文艺路办事处 18 号 开户行及账号：中国建设银行文艺路银行 61-9					密码区	略
货物或应税劳务名称	规格型号	单位	数量	单价	金额	税率	税额
甲产品		千克	2000	8.00	1600.00	17%	2720.00
合　计					￥16000.00		￥2720.00
价税合计（大写）壹万捌仟柒佰贰拾元整					（小写）￥18720.00		
销货单位	名　　称：宏源公司 纳税人识别号：222238 地址、电话：红旗路 5 号 开户行及账号：中国建设银行红旗路银行 89-12					备注	吉首宏源公司 发票专用章

收款人：李佳明　　复核：孙亚　　开票人：周明　　销货单位（章）

第四联 记账联 销货方记账凭证

70-1

中国建设银行进账单（收账通知）（154）

2010 年 12 月 26 日　　第 2554 号

出票人	全　称	红梅公司	收款人	全　称	宏源公司
	账　号	67-4		账　号	89-12
	开户银行	步行街银行办事处		开户银行	红旗路银行办事处

人民币（大写）叁万零肆佰贰拾元整	千	百	十	万	千	百	十	元	角	分
			￥	3	0	4	2	0	0	0

票据种类	转账支票	收款单位开户行盖章 建行吉首市支行 红旗路办事处 2010. 12. 26 转讫
票据张数	1	
单位主管：　会计：　复核：　记账：		

此联是收款人开户银行交给收款人的收账通知

71-1

中国建设银行

转账支票存根

支票号码　9348

附加信息______________

____

出票日期：2010 年 12 月 26 日

收款人：市保险公司
金　额：￥12000.00
用　途：2011 年财产保险费

单位主管　　　会计

71-2

市保险公司收据

2010 年 12 月 26 日　　　　NO 765

今收到 宏源公司

人民币 壹万贰仟元整　　　￥12000.00

系付 2011 年财产保险费

单位盖章：　　　会计：彭春花　　出纳：杨一民　　经手人：杜鹏

（印章：吉首市保险公司 财务专用章）

72-1

中国建设银行

转账支票存根

支票号码　9349

附加信息________________

____

出票日期：2010 年 12 月 26 日

收款人：华银公司
金　额：￥24536.00
用　途：归还购货款

单位主管　　　会计

73-1

中国建设银行

转账支票存根

支票号码　6754

附加信息________________

____

出票日期：2010 年 12 月 27 日

收款人：光明供电公司
金　额：￥3000.00
用　途：付电费

单位主管　　　会计

73-2

宏源公司内部转账单

电费分摊　　　　转账日期：2010 年 12 月 27 日

子目或户名	摘要	金额
车间	按仪表记录分配	2200.00
厂部	按仪表记录分配	800.00
合计金额（大写）人民币叁仟元整		￥3000.00

73-3

吉首供电公司电费结算单

用户：宏源公司　　　　2010 年 12 月 27 日　　　　NO 7879

用电量（度）	每度单价	金额（元）	备注
12000	0.25	3000.00	
金额（大写）人民币叁仟元整			

第三联　交付款单位

73-4

吉首自来水公司水费结算单

用户：宏源公司　　　　2010 年 12 月 27 日　　　　NO 7812

用水量（吨）	每吨单价	金额（元）	备注
14000	0.20	2800.00	
金额（大写）人民币贰仟捌佰元整			

第三联　交付款单位

73-5

中国建设银行

转账支票存根

支票号码　9351

附加信息＿＿＿＿＿＿＿＿＿＿

＿＿＿＿＿＿＿＿＿＿

出票日期：2010 年 12 月 27 日

收款人：吉首自来水公司
金　额：￥2800.00
用　途：付水费

单位主管　　　会计

73-6

宏源公司内部转账单

水费分摊　　　　　转账日期：2010 年 12 月 27 日

子目或户名	摘要	金额
车间	按仪表记录分配	1790.00
厂部	按仪表记录分配	1010.00
合计金额（大写）人民币贰仟捌佰元整		￥2800.00

审核：苏珊　　　　　　　　　　制单：陈洁

74-1

湖南省增值税专用发票

此联不作报销、扣税凭证使用　　NO 98957

开票日期：2010 年 12 月 27 日

购货单位	名　称：红星公司 纳税人识别号：6786912 地址、电话：团结路办事处 8 号 开户行及账号：中国建设银行团结路银行 61-5	密码区	略

货物或应税劳务名称	规格型号	单位	数量	单价	金　额	税率	税　额
乙产品		千克	1500	6.00	9000.00	17%	1530.00
合　计					￥9000.00		￥1530.00
价税合计（大写）壹万零伍佰叁拾元整　　（小写）￥10530.00							

销货单位	名　称：宏源公司 纳税人识别号：222238 地址、电话：红旗路 5 号 开户行及账号：中国建设银行红旗路银行 89-12	备注	吉首宏源公司 发票专用章

第四联 记账联 销货方记账凭证

收款人：李佳明　　复核：孙亚　　开票人：周明　　销货单位（章）

74-2

湖南增值税专用发票

此联不作报销、扣税凭证使用　　　NO 98776

开票日期：2010 年 12 月 27 日

购货单位	名　　称：红星公司 纳税人识别号：6786912 地址、电话：团结路办事处 8 号 开户行及账号：中国建设银行团结路银行 61-5	密码区	略

货物或应税劳务名称	规格型号	单位	数量	单价	金　额	税率	税　额
甲产品		千克	1500	8.00	12 000.00	17%	2040.00
合　计					¥12 000.00		¥2040.00

价税合计（大写）壹万肆仟零肆拾元整　　（小写）¥14 040.00

销货单位	名　　称：宏源公司 纳税人识别号：222238 地址、电话：红旗路 5 号 开户行及账号：中国建设银行红旗路银行 89-12	备注	吉首宏源公司 发票专用章

收款人：李佳明　　复核：孙亚　　开票人：周明　　销货单位（章）

第四联 记账联 销货方记账凭证

75-1

中国建设银行 转账支票存根
支票号码　6758
附加信息＿＿＿＿＿＿＿＿＿＿
出票日期：2010年12月28日
收款人：半山公司
金　额：￥9346.40
用　途：付购货款
单位主管　　　会计

75-2

湖南省增值税专用发票

全国统一发票监制章 国家税务总局监制

发票联

NO 98654

开票日期：2010年12月28日

购货单位		密码区	
名　　称：	宏源公司		略
纳税人识别号：	222238		
地址、电话：	红旗路5号		
开户行及账号：	中国建设银行红旗路银行 89-12		

货物或应税劳务名称	规格型号	单位	数量	单价	金额	税率	税额
D材料		千克	8000	0.99	7920.00	17%	1346.40
合　计					￥7920.00		￥1346.40
价税合计（大写）⊗玖仟贰佰陆拾陆元肆角整					（小写）￥9266.40		

销货单位		备注
名　　称：	半山公司	吉首半山公司 发票专用章
纳税人识别号：	6135778	
地址、电话：	湖南吉首市人民路38号	
开户行及账号：	0175	

收款人：李铁　　复核：王军　　开票人：赵梅　　销货单位（章）

第二联 发票联 购货方记账凭证

75-3

运费结算凭证

承运单位：顺达运业　　　　2010年12月[illegible]日

托运单位：宏源公司	
运费金额：（大写）人民币捌拾元整	￥80.00
货物：材料20件	
验收：按单验收无误	验收人签章：谢红香
财会：	核销

吉首顺达运业 发票专用章

76-1

湖南省增值税专用发票

湖南

此联不作报销、扣税凭证使用　　　　NO 98221

开票日期：2010年12月29日

购货单位		密码区	
名　　称：	红梅公司		略
纳税人识别号：	6777791		
地址、电话：	步行街办事处18号		
开户行及账号：	中国建设银行步行街银行67-4		

货物或应税劳务名称	规格型号	单位	数量	单价	金额	税率	税额
乙产品		千克	4150.00	6.00	24 900.00	17%	4233.00
合　计					￥24 900.00		￥4233.00
价税合计（大写）贰万玖仟壹佰叁拾叁元整					（小写）￥29 133.00.00		

销货单位		备注
名　　称：	宏源公司	吉首宏源公司 发票专用章
纳税人识别号：	222238	
地址、电话：	红旗路5号	
开户行及账号：	中国建设银行红旗路银行89-12	

收款人：李佳明　　复核：孙亚　　开票人：周明　　销货单位（章）

第四联　记账联　销货方记账凭证

76-2

湖南增值税专用发票

此联不作报销、扣税凭证使用　　　NO 98443

开票日期：2010年12月29日

购货单位	名　　称：红梅公司 纳税人识别号：6777791 地址、电话：步行街办事处18号 开户行及账号：中国建设银行步行街银行67-4				密码区	略	
货物或应税劳务名称	规格型号	单位	数量	单价	金额	税率	税额
甲产品		千克	4500	8.00	36000.00	17%	6120.00
合　计					￥36000.00		￥6120.00
价税合计（大写）肆万贰仟壹佰贰拾元整					（小写）￥42120.00		
销货单位	名　　称：宏源公司 纳税人识别号：222238 地址、电话：红旗路5号 开户行及账号：中国建设银行红旗路银行89-12				备注	吉首宏源公司 发票专用章	

收款人：李佳明　　复核：孙亚　　开票人：周明　　销货单位（章）

第四联　记账联　销货方记账凭证

76-3

中国建设银行进账单（收账通知）

2010年12月29日　　　第2555号

出票人	全　称	红梅公司	收款人	全　称	宏源公司
	账　号	67-4		账　号	89-12
	开户银行	步行街银行办事处		开户银行	红旗路银行办事处

人民币（大写）柒万壹仟贰佰伍拾叁元整	千	百	十	万	千	百	十	元	角	分
			￥	7	1	[illegible]	[illegible]	[illegible]	0	0

票据种类	转账支票	建行吉首市支行 红旗路办事处 2010.12.29 转讫 收款单位开户行盖章
票据张数	1	
单位主管：　会计：　复核：　记账：		

此联是收款人开户银行交给收款人的收账通知

77-1

湖南省增值税专用发票

发票联

NO 98776

开票日期：2010 年 12 月 29 日

购货单位	名　　称：宏源公司 纳税人识别号：222238 地址、电话：红旗路 5 号 开户行及账号：中国建设银行红旗路银行 89-12					密码区	略
货物或应税劳务名称	规格型号	单位	数量	单价	金额	税率	税额
A 材料		千克	3000	1.98	5940.00	17%	1009.80
合　计					￥5940.00		￥1009.80
价税合计（大写）陆仟玖佰肆拾玖元捌角整					（小写）￥6949.80		
销货单位	名　　称：富强公司 纳税人识别号：4135758 地址、电话：湖南吉首市平安路 20 号 开户行及账号：0188					备注	吉首富强公司 发票专用章

第二联 发票联 购货方记账凭证

收款人：贾婷　　复核：向阳　　开票人：邓雷　　销货单位（章）

77-2

运费结算凭证

承运单位：友好货运公司　　2010 年 12 月 29 日

托运单位：宏源公司	
运费金额：（大写）人民币陆拾元整	￥60.00
货物：材料 20 件	
验收：按单验收无误	验收人签章：田军
财会：　　核销	

友好货运公司 发票专用章

77-3

宏源公司材料收料单

材料类别：原材料　　验收日期：2010 年 12 月 29 日　　字 8464 号

发票号码	名称	规格	单位	购进			验收		
				数量	单价	金额	数量	单价	金额
0757641	A 材料		千克	3000	1.98	5940.00	3000	2.00	6000.00
购货单位	富强公司				运杂费	60.00	采购员姓名		周锦
备注					合计	6000.00	附单据		

第三联 会计部门记账

供销科长：赵卫　仓库会计：刘俊　保管员：王娟　复核：李明　制单：王娟

78-1

中国建设银行借款偿还凭证

2010 年 12 月 29 日　　编号 9878

放款账号 5-11	户名	还款金额							利息							金额						
往来账号 89-12	宏源公司	万	千	百	十	元	角	分	万	千	百	十	元	角	分	万	千	百	十	元	角	分
																8	3	0	0	0	0	0

自　年　月　日起 至　年　月　日止		时间	月 天	金额（大写）人民币捌万元整	
利率	月息%	金额		上列款项从你单位账户内支出偿还流动资金借款	复核　　记账 转账日期 2010 年 12 月 29 日
加息	%	金额			

建行吉首市支行
红旗路办事处
2010.12.29
转讫

第三联 交还款单位

79-1

宏源公司内部转账单

转账日期：2010 年 12 月 30 日

子目或户名	摘要	金额
厂部	固定资产折旧	2200.00
车间	固定资产折旧	5800.00
合计金额（大写）人民币捌仟元整		¥8000.00

审核：苏珊　　　　　　　　制单：陈洁

80-1

宏源公司内部转账单

转账日期：2010 年 12 月 30 日

子目或户名	摘要	金额
甲产品——工资	本月应付生产工人工资转账	8000.00
乙产品——工资	本月应付生产工人工资转账	7000.00
车间管理人员工资	本月应付生产工人工资转账	2700.00
企管及科技人员工资	本月应付生产工人工资转账	2300.00
合计金额（大写）人民币贰万元整		¥20 000.00

审核：苏珊　　　　　　　　制单：陈洁

80-2

宏源公司内部转账单

转账日期：2010 年 12 月 30 日

子目或户名	摘要	金额
工资	本月应付职工薪酬总额	20000.00
合计金额（大写）人民币贰万元整		￥20 000.00

审核：苏珊　　　　制单：陈洁

81-1

宏源公司内部转账单

转账日期：2010 年 12 月 30 日

子目或户名	摘要	金额
甲产品	8000×14%提福利费	1120.00
乙产品	7000×14%提福利费	980.00
车间	2700×14%提福利费	378.00
企管及科技	2300×14%提福利费	322.00
合计金额（大写）人民币贰仟捌佰元整		￥2800.00

审核：苏珊　　　　制单：陈洁

82-1

宏源公司内部转账单

转账日期：2010 年 12 月 30 日

子目或户名	摘要	金额
计提利息	本月银行借款利息 600 元转账	600.00
合计金额（大写）人民币陆佰元整		￥600.00

审核：苏珊　　　　　　　　　　制单：陈洁

82-2

宏源公司内部转账单

转账日期：2010 年 12 月 30 日

子目或户名	摘要	金额
计提利息	冲 10、11 两个月预提借款利息	1200.00
合计金额（大写）人民币壹仟贰佰元整		￥1200.00

审核：苏珊　　　　　　　　　　制单：陈洁

82-3

中国建设银行贷款利息通知单（第一联：交款通知）

2010 年 12 月 30 日　　　　　转 556 号

项目	户名	账号	贷款种类	积数金额	利息%	利息金额
贷款	宏源公司	81-99	生产周转贷款			1800.00
利息金额合计人民币（大写）壹仟捌佰元整						￥1800.00
计息期 10—12 月	上列贷款利息已从贵单位存款账户如数支付，请即入账。					

建行吉首市支行
红旗路办事处
2010.12.30
转讫

83-1

中国建设银行
转账支票存根

支票号码　9353

附加信息________________

____

出票日期：2010 年 12 月 30 日

收款人：民政救灾中心
金　额：￥8000.00
用　途：救济

单位主管　　　会计

84-1

收　　据

2010 年 12 月 30 日　　　　第 12 号

交款单位 ______________ 交款人 张进才

交款事由 违章罚款

人民币（大写）壹佰元整　　　　¥100.00

收款单位　　　会计主管：钟训　　　收款人：李佳明

吉首宏源公司 财务专用章

84-2

罚款通知单

第 56 号

财务科：

本公司职工张进才因违章操作，经上级研究决定，对其罚款人民币壹佰元整。

吉首宏源公司行政科

2010 年 12 月 30 日

吉首宏源公司

85-1

利润分配利得表

根据我公司与被投资企业合同规定，分得税后利润人民币陆万伍仟元整。

财务科长：钟训

2010 年 12 月 30 日

吉首宏源公司 财务专用章

85-2

中国建设银行进账单（收账通知）

2010 年 12 月 30 日　　　　第 675 号

出票人			收款人		
	全称	三亚公司		全称	宏源公司
	账号	7072		账号	89-12
	开户银行	步行街银行办事处		开户银行	红旗路银行办事处

人民币（大写）陆万伍仟元整	千	百	十	万	千	百	十	元	角	分
			¥	6	5	0	0	0	0	0

票据种类	转账支票	收款单位开户行盖章
票据张数	1	建行吉首市支行 红旗路办事处 2010.12.30 转讫

单位主管：　会计：　复核：　记账：

此联是收款人开户银行交给收款人的收账通知

86-1

宏源公司制造费用分配表

2010 年 12 月 31 日

产品名称	分配标准（按生产工人工资）	分配率 %	分配金额（元）
甲产品	8000		
乙产品	7000		
合计	15000		

审核：苏珊　　　　制单：陈洁

第三联　会计记账

87-1

宏源公司产成品入库单

2010 年 12 月 31 日　　　　NO：5436

编号	名称	单位	数量	单位成本	金额
	甲产品	千克	11200	5.00	56 000.00
	乙产品	千克	6100	3.00	18 300.00
	合计				￥74 300.00

第三联　会计记账

车间负责人：李伟　　仓库经办人：李明　　制单：王娟

88-1

宏源公司销售产品生产成本计算表（代内部转账单）

2010 年 12 月 31 日

产品名称	销售数量	单位成本	已销产品成本	金额
甲产品		5.00		
乙产品		3.00		
合计				

第三联　会计记账

审核：苏珊　　制单：陈洁

89-1

宏源公司内部转账单

转账日期：2010 年 12 月 31 日

子目或户名	摘要	金额
城市维护建设税	计算应交城市维护建设税	1200.00
教育费附加	计算教育费附加	500.00
合计金额（大写）人民币壹仟柒佰元整		￥1700.00

审核：苏珊　　　　制单：陈洁

90-1

宏源公司内部转账单

转账日期：2010 年 12 月 31 日

摘要	收入类账户	金额
合计金额（大写）		

审核：苏珊　　　　制单：陈洁

91-1

宏源公司内部转账单

转账日期：2010 年 12 月 31 日

摘要	支出（费用）类账户	金额
合计金额（大写）		

审核：苏珊　　　　　　　　　　　　　　　　制单：陈洁

92-1

宏源公司内部转账单

转账日期：2010 年 12 月 31 日

子目或户名	摘要	金额
应交所得税	按计税所得额 25%计提	
（注：无调整项目）		
合计金额（大写）		

审核：苏珊　　　　　　　　　　　　　　　　制单：陈洁

93-1

宏源公司内部转账单

转账日期：2010 年 12 月 31 日

子目或户名	摘要	金额
	所得税费用转本年利润	
合计金额（大写）		

审核：苏珊　　　　制单：陈洁

94-1

宏源公司内部转账单

转账日期：2010 年 12 月 31 日

序号	项目	利润总额	所得税费用	利润净额
	1-11 月份利润总额			
	本月利润总额			
	全年所得税费用额			
	合计			

审核：苏珊　　　　制单：陈洁

95-1

宏源公司内部转账单

转账日期：2010 年 12 月 31 日

子目或户名	摘要	金额
提取法定盈余公积	按税后全年利润 10%计提	
合计金额（大写）		

审核：苏珊　　　　制单：陈洁

96-1

宏源公司内部转账单

转账日期：2010 年 12 月 31 日

子目或户名	摘要	金额
应付普通股股利	按税后全年利润 50%计提 （扣除提取法定盈余公积）	
合计金额（大写）		

审核：苏珊　　　　　　　　　　　　　　　制单：陈洁

97-1

全年利润分配结算表

2010 年 12 月 31 日

项目	提取法定盈余公积	应付普通股股利		合计
合计				

审核：苏珊　　　　　　　　　　　　　　　制单：陈洁

第三部分　基础会计模拟实训步骤及要求

1．根据 2010 年 11 月 30 日的有关账户余额建账。

2．审核分析 2010 年 12 月份的经济业务并填写部分原始凭证。

3．依据各项经济业务的有关原始凭证编制记账凭证。

4．根据记账凭证登记有关的日记账和明细分类账。

5．每半月汇总编制科目汇总表。

6．根据科目汇总表登记总分类账户。

7. 月终计算并分摊制造费用，计算本月完工产品的生产成本。

8. 年终进行本年利润账户的结转以及利润分配有关明细分类账户的结转。

9. 在编制会计报表之前，应结出各类账簿或账户本期发生额及期末余额，并将总分类账与有关明细分类账、日记账进行核对。

10．撰写实训报告 5 份。

第四部分　相关表格资料

一、科目汇总表及试算平衡表

记账凭证	号至 号	张
记账凭证	号至 号	张
记账凭证	号至 号	张

科目汇总表 第___号

年 月 日至 日

会计科目	本期发生额																							
	借方金额											账页或√	贷方金额											账页或√
	亿	千	百	十	万	千	百	十	元	角	分		亿	千	百	十	万	千	百	十	元	角	分	
合计																								

会计主管： 记账： 审核： 制单：

记账凭证	号至 号	张
记账凭证	号至 号	张
记账凭证	号至 号	张

科目汇总表 第___号

年 月 日至 日

会计科目	本期发生额																							
	借方金额											账页或√	贷方金额											账页或√
	亿	千	百	十	万	千	百	十	元	角	分		亿	千	百	十	万	千	百	十	元	角	分	
合 计																								

会计主管： 记账： 审核： 制单：

记账凭证	号至　号	张
记账凭证	号至　号	张
记账凭证	号至　号	张

科目汇总表 第___号

年　月　日至　日

会计科目	本期发生额																							
	借方金额											账页或√	贷方金额											账页或√
	亿	千	百	十	万	千	百	十	元	角	分		亿	千	百	十	万	千	百	十	元	角	分	
合　计																								

会计主管：　　　　记账：　　　　审核：　　　　制单：

记账凭证	号至　号	张
记账凭证	号至　号	张
记账凭证	号至　号	张

科 目 汇 总 表 第___号

年　月　日至　日

会计科目	本期发生额																							
	借方金额											账页或√	贷方金额											账页或√
	亿	千	百	十	万	千	百	十	元	角	分		亿	千	百	十	万	千	百	十	元	角	分	
合　计																								

会计主管：　　　　记账：　　　　审核：　　　　制单：

记账凭证	号至　号	张
记账凭证	号至　号	张
记账凭证	号至　号	张

科目汇总表　第___号

年　月　日至　日

会计科目	本期发生额																							
	借方金额											账页或√	贷方金额											账页或√
	亿	千	百	十	万	千	百	十	元	角	分		亿	千	百	十	万	千	百	十	元	角	分	
合计																								

会计主管：　　　　记账：　　　　审核：　　　　制单：

资金试算平衡表

年　　月　　日　　　　　　　　单位：元

会计科目	期初余额		本期发生额		期末余额	
	借方	贷方	借方	贷方	借方	贷方
合　计						

会计主管：　　　　记账：　　　　审核：　　　　制单：

资金试算平衡表

年　　月　　日　　　　　　　　　　　　　　单位：元

会计科目	期初余额		本期发生额		期末余额	
	借方	贷方	借方	贷方	借方	贷方
合　计						

会计主管：　　　　　记账：　　　　　审核：　　　　　制单：

资金试算平衡表

年　　月　　日　　　　　　　　单位：元

会计科目	期初余额		本期发生额		期末余额	
	借方	贷方	借方	贷方	借方	贷方
合　计						

会计主管：　　　　记账：　　　　审核：　　　　制单：

二、资产负债表

资产负债表

会企 01 表

单位名称：　　　　　________年______月______日　　　　　单位：元

资　产	期末余额	年初余额	负债和所有者权益（或股东权益）	期末余额	年初余额
流动资产：			流动负债：		
货币资金			短期借款		
交易性金融资产			交易性金融负债		
应收票据			应付票据		
应收账款			应付账款		
预付款项			预收款项		
应收利息			应付职工薪酬		
应收股利			应交税费		
其他应收款			应付利息		
存货			应付股利		
一年内到期的非流动资产			其他应付款		
其他流动资产			一年内到期的非流动负债		
流动资产合计			其他流动负债		
非流动资产：			流动负债合计		
可供出售金融资产			非流动负债：		
持有至到期投资			长期借款		
长期应收款			应付债券		
长期股权投资			长期应付款		

（续表）

资　产	期末余额	年初余额	负债和所有者权益（或股东权益）	期末余额	年初余额
投资性房地产			专项应付款		
固定资产			预计负债		
在建工程			递延所得税负债		
工程物资			其他非流动负债		
固定资产清理			非流动负债合计		
生产性生物资产			负债合计		
油气资产			所有者权益（或股东权益）：		
无形资产			实收资本（或股本）		
开发支出			资本公积		
商誉			减：库存股		
长期待摊费用			盈余公积		
递延所得税资产			未分配利润		
其他非流动资产			所有者权益（或股东权益）合计		
非流动资产合计					
资产总计			负债和所有者权益（或股东权益）总计		

三、利润表

利　润　表

会企 02 表

编制单位：　　　　______年____月　　　　单位：元

项　　目	本期金额	上期金额
一、营业收入		
减：营业成本		
营业税金及附加		
销售费用		
管理费用		
财务费用		
资产减值损失		
加：公允价值变动收益（损失以“-”号填列）		
投资收益（损失以“-”号填列）		
其中：对相关联营企业和合营企业的投资收益		
二、营业利润（亏损以“-”号填列）		
加：营业外收入		
减：营业外支出		
其中：非流动资产处置损失		
三、利润总额（亏损总额以“-”号填列）		
减：所得税费用		
四、净利润（净亏损以“-”号填列）		
五、每股收益		
（一）基本每股收益		
（二）稀释每股收益		

四、实训报告

实训报告（一）

报告人：

实训场地	
实训内容	建账，登记各账户期初余额
实训过程	
实训体会	
教师评语	签名：　　　批阅日期：　　　年　　月　　日

实训报告（二）

报告人：

实训场地	
实训内容	审核原始凭证并编制记账凭证
实训过程	
实训体会	
教师评语	签名：　　批阅日期：　　　　年　　月　　日

实训报告（三）

报告人：

实训场地	
实训内容	登记日记账、明细账
实训过程	
实训体会	
教师评语	签名：　　批阅日期：　　年　月　日

实训报告（四）

报告人：

实训场地	
实训内容	编制科目汇总表并登记总账
实训过程	
实训体会	
教师评语	签名：　　　批阅日期：　　　　年　　月　　日

实训报告（五）

报告人：

实训场地	
实训内容	根据总账和明细账资料，编制会计报表。
实训过程	
实训体会	
教师评语	签名：　　　　批阅日期：　　　　年　　月　　日